LA FRANCE

JUGÉE PAR LA RUSSIE

MICHEL DELINES

LA FRANCE

JUGÉE PAR

LA RUSSIE

> Ni plus ni moins que toute autre
> majesté, — leurs majestés les na-
> tions ne peuvent que gagner à ap-
> prendre ce qu'on pense d'elles.
>
> (SABATHIER DE CASTRES, *Catherine II,
> sa cour et la Russie en 1772.*

PARIS

A LA LIBRAIRIE ILLUSTRÉE

7, RUE DU CROISSANT, 7

PREMIÈRE PARTIE

LA FRANCE ET LA RUSSIE

JUSQU'A NICOLAS Iᵉʳ

LA FRANCE

JUGÉE PAR LA RUSSIE

I

COMMENT LA RUSSIE FIT LA CONNAISSANCE DE LA FRANCE

Anne de Russie. — Les ambassadeurs russes à la cour de Louis XIII. — Scandales. — Pierre le Grand à Paris. — Interruptions des relations sous Élisabeth. — La Prusse rapproche la Russie de la France. — Une lettre d'un capucin.

Un voile épais dont l'histoire ne parviendra jamais à percer l'obscurité enveloppe les premières relations qui existèrent entre la France et la Russie.

Nous savons seulement que parmi les reines de France figure Anne de Russie, fille d'Iaroslav le Grand, prince de Kieff, qui régnait au commencement du onzième siècle, et que M. Rambaud, dans son *Histoire de la Russie*, a surnommé le Charlemagne russe. Comment Henri Ier a-t-il rêvé tout à coup d'avoir pour femme une princesse russe? Comment cette jeune reine venue des bords du Dniepre s'est-elle plu sur les rives de la Seine?... A-t-elle amené avec elle une nombreuse suite composée de Russes? Quelle impression la France d'alors a-t-elle produite sur ces enfants de Kieff? Autant de questions qui se posent et qui séduiront peut-être un jour un romancier, mais que l'historien est contraint de laisser sans réponse.

Les documents sont rares à cette époque, en France comme en Russie, et nous devons nous contenter du fait, sans autre commentaire ; c'est tout ce que nous pouvons savoir des relations de la France et de la Russie au onzième siècle.

Des siècles ont passé depuis ce mariage étrange, sans que ces deux nations aient eu aucun rapport ensemble. Sans doute, la France, qui dans ce moment dominait toute l'Europe par sa grandeur et son intelligence, voyait son alliance recherchée par tous les souverains et ne sentait nullement le besoin d'aller demander une reine à cette peuplade de Scythes. Les Russes, d'ailleurs, avaient trop à faire à refouler les Mongols en Asie, pour se préoccuper de l'Europe.

Ce ne fut qu'en 1615 que le tzar Michel Féodorovitch, le premier des Romanoff, désireux d'entrer en relation avec les autres nations, envoya un ambassadeur auprès de Louis XIII « pour lui présenter ses compliments et lui donner l'assurance de son amitié ». La France ne répondit pas à ces avances; elle fit entendre au tzar que « l'éloignement des deux États et surtout le peu d'inclination qu'ont les Français pour le commerce de Moscovie » ne rendaient pas un rapprochement désirable.

Il faut reconnaître aussi que les premiers ambassadeurs de Russie ne représentaient pas leur pays sous un aspect bien séduisant, et qu'ils se comportèrent un peu en sauvages, ce qui ne leur gagna pas les sympathies de la cour policée de France.

La Russie ne se rebuta pourtant pas, et sous Louis XIV envoya quatre fois des ambassadeurs en France : en 1654, 1668, 1681 et 1688. Chaque fois ils se heurtèrent à l'étiquette sévère à laquelle le Roi-Soleil attachait une si haute im-

portance, et des froissements d'amour-
propre nuisirent aux relations cordiales
qui auraient pu s'établir entre les deux
peuples. Rien de plus futile, d'ailleurs,
que les causes de ce mécontentement :

Tantôt c'étaient les ambassadeurs russes
qui refusaient d'enlever leurs bonnets de
fourrures devant le roi; tantôt c'était le roi
qui se demandait si la Russie était une
nation assez puissante pour qu'il fît à ses
ambassadeurs l'honneur de se découvrir
devant eux.

Lors de l'ambassade de 1687, il y eut
un véritable scandale dont toute la responsabilité tomba cette fois sur les envoyés
moscovites.

Comme ils entraient en France par la
Hollande, ils furent avertis à Dunkerque
que leurs ballots seraient plombés à la
douane et ne devaient être ouverts qu'à
leur arrivée à Paris. On les prévint que

leur bagage serait scellé au sceau du roi, et que le rompre serait un délit prévu par la loi et les exposerait à un châtiment. Malgré ces recommandations, ils n'eurent rien de plus pressé que de briser les sceaux en route, et, arrivés à la ville de Saint-Denis, ils s'empressèrent de vendre toutes les fourrures que renfermaient ces ballots.

Louis XIV envoya un de ses officiers auprès de ces singuliers ambassadeurs, pour leur représenter tout ce que leur conduite avait d'inconvenant ; mais les gens des Moscovites injurièrent l'envoyé du roi, et même un des ambassadeurs dégaina et le menaça de son poignard.

Le roi, après cet esclandre, refusa de recevoir les représentants de la Russie et leur renvoya les présents qu'il avait acceptés des précédentes ambassades, en les priant de quitter Paris dans le plus bref délai.

C'était compter sans la ténacité slave ; les ambassadeurs déclarèrent qu'ils ne bougeraient pas avant d'avoir obtenu une audience du roi. Alors, pour les obliger à déguerpir, les officiers du roi enlevèrent tous les meubles de l'hôtel, ne laissant aux envoyés du tzar que les murs nus. Mais ces hôtes incommodes n'étaient pas difficiles ; l'absence de mobilier ne les gêna point du tout : ils couchèrent sur le plancher aussi confortablement que dans leurs lits.

Voyant qu'il était impossible de se débarrasser d'eux, les officiers du roi obtinrent de leur maître qu'il consentit, comme preuve de l'amitié qu'il portait au tzar, à pardonner l'offense de ses envoyés. Louis XIV finit par accorder aux ambassadeurs russes une audience à Saint-Denis.

Au milieu de leurs préoccupations mer-

cantiles et de leurs querelles avec les officiers du roi, ces singuliers envoyés du
tzar n'accordèrent aucune attention aux
arts ni aux lettres à Paris. C'était pourtant le moment où, à la cour comme à la
ville, on ne parlait que de Corneille, Racine et Molière.

Nous savons même par *le Mercure galant* que les ambassadeurs russes ont assisté à une représentation de Molière ; mais
évidemment leur pensée était ailleurs, car
ils n'ont jamais communiqué leurs impressions sur le chef-d'œuvre qu'ils ont vu.

Il eût été pourtant curieux de recueillir
le sentiment de ces êtres primitifs et incultes sur le grand génie français.

Avec Pierre le Grand, tout change en
Russie : elle cesse d'être « une peuplade
de Scythes », « une quantité négligeable, »
comme on dirait aujourd'hui ; c'est une
nation avec laquelle il faut compter : elle

domine déjà la Baltique, elle a subjugué
l'Allemagne du Nord, et son tzar est le
vainqueur de Charles XII.

Pierre le Grand souhaite ardemment
une alliance avec la France. Il se décide
à faire lui-même le voyage de Versailles,
avec l'espoir secret de négocier un mariage entre sa fille, la princesse Élisabeth,
et le jeune prince Louis XV.

Ce voyage marque une date dans le
développement intellectuel de la Russie.
Ce que Pierre le Grand cherche avant
tout à Paris, et ce qu'il prise par-dessus
tout, c'est ce qui fera de tout temps l'admiration des Russes, et ce que viendront
demander à Paris tous ceux qui sont avides
de s'instruire.

« Pierre le Grand, dit M. Rambaud dans
son *Histoire de Russie*, négligea de faire
visite aux princes du sang, mais entra
dans les boutiques des charrons et des

orfèvres. Il goûta la soupe des invalides, but à leur santé, leur frappa sur l'épaule et les traita de camarades. Les Gobelins, l'Observatoire, le jardin du roi, la collection des plans en relief des places fortes, les travaux du Pont-Tournant, la machine de Marly, captivèrent son attention... Il assista à une séance de l'Académie des sciences, qui l'élut au nombre de ses membres... Il corrigea de sa main une carte de ses États qui lui fut présentée... Il embrassa le buste de Richelieu à la Sorbonne, et voulut voir Mme de Maintenon, comme une relique du grand règne. »

Lorsque, quatre-vingts ans plus tard, Karamzine, un des hommes les plus savants de son temps, viendra visiter la capitale du monde, il suivra à peu près le même programme que Pierre le Grand.

Si le tzar ne réussit pas à donner pour la seconde fois à la France une reine d'origine russe, sa visite n'en fut pas moins féconde en résultats; les relations entre les deux gouvernements se resserrèrent, la France envoya en Russie un ambassadeur résident, et l'empire moscovite eut dès lors à Paris un représentant en permanence. Assurément le nouvel ambassadeur détonna quelque peu au milieu de la cour la plus policée d'Europe. On lui reprocha la brusquerie de ses manières et un reste de l'ancienne barbarie russe; mais tout le monde fut unanime à reconnaître qu'il avait un air de grandeur naturelle plein de dignité. Il y eut bien encore des susceptibilités au sujet de quelques vétilles d'étiquette entre les courtisans et leur hôte moscovite; mais la bonne entente de la France et de la Russie n'en fut point troublée.

Cependant la France avait quelque peine à s'habituer à l'importance que pre-

nait la Russie; elle hésita même longtemps à reconnaître à la tzarine Élisabeth
Pétrovna ses droits au titre d'impératrice.
Ces difficultés venaient à peine d'être
aplanies, lorsqu'un nouvel incident se
produisit, qui faillit brouiller les deux
cours. L'ambassadeur français à Londres,
dans une réception officielle, dit des gros-
sièretés à l'ambassadeur russe, Tcherni-
cheff, et même le repoussa de sa place,
que le représentant de la France déclarait
lui appartenir par droit de préséance.

L'affaire menaça de tourner mal; la
France rappela son ambassadeur de Saint-
Pétersbourg.

Mais, preuve évidente que l'alliance de
ces deux pays est une nécessité historique, la tzarine passa légèrement sur
l'affront qu'avait reçu son représentant,
et les relations amicales furent renouées.
C'est que la Russie et la France se trou-

vaient à cette époque dans une situation politique qui ne manque pas d'analogie avec ce que nous voyons aujourd'hui.

La Russie s'inquiétait déjà de l'extension que prenait la Prusse, et ne voyait d'autre frein à l'humeur conquérante de sa voisine qu'une alliance avec la France.

Depuis lors les liens qui unissent les deux nations n'ont fait que se consolider.

Nous avons vu que les premiers ambassadeurs choisis dans l'élite de la noblesse russe paraissaient bien barbares à leurs contemporains en France. On peut se demander quelles devaient être à cette époque les rapports entre des Français et des Russes pris au hasard dans les deux nations. A cet égard, la lettre suivante est curieuse à connaître. C'est une dépêche du frère Romain, capucin, adressée à l'abbé Dubois, et que nous donnons textuellement dans son style, qui ne brille ni par la clarté ni par la correction.

Moscou, 4 août 1720.

..... « La plus grande de nos peines est de ce que nous ne savons parler avec le monde, et madame la générale Weissembach nous soulagea à Nijni, parce que, outre une large charité, elle nous donna un de ses domestiques qui sait le russe... outre que cet officier, que le prince Dolgorouki nous avait donné, a eu pour nous tous les soins imaginables, il a pu assurer à Votre Excellence qu'en d'aucuns endroits nous eussions essuyé quelques insolences sans lui; mais aussitôt qu'il venait il savait faire obéir les Russes qui ne sont pas la moitié si inhumains qu'on le publie dans les livres...

Nous avons même reçu partout où nous avons passé, des boyards et des gouverneurs des villes , toutes sortes d'honnêtetés... à Kiev ils nous font la charité aussi bien que les catholiques... il n'y a que nos couronnes qui leur sont contraires, cependant nous allons par la ville sans aucun empêchement, et nous sommes les seuls de toutes les religions étrangères qui osons sonner nos offices et les enterrements des morts... »

II

LA GALLOMANIE SOUS CATHERINE II ET ALEXANDRE Ier.

Si le monde officiel en Russie voyait encore quelquefois surgir des difficultés entre lui et le gouvernement français, toute la nouvelle société russe était en adoration perpétuelle devant la France.

Les lettrés, les hommes de goût, Chouvaloff, le Mécène russe, et les poètes

Lomonossof, Trédiakovski, Soumarokoff,
lisaient, traduisaient, commentaient, imi-
taient à l'envi Corneille, Racine. Molière,
Boileau ; le comble des vœux de Soumarokoff était de se voir proclamer le Racine
ou le Molière de la Russie.

La suprême ambition de tout auteur
russe à cette époque est d'obtenir l'approbation de la presse française. Lorsque
le Mercure de France publia, en 1755, un
article sur les œuvres de Soumarokoff,
— article qu'on soupçonna fort l'auteur
russe d'avoir rédigé lui-même, — il s'enfla
d'un tel orgueil que personne n'osa plus
lui contester sa supériorité. La tête lui
tourna complètement le jour où Voltaire
en personne lui envoya des compliments
comme à son confrère de Saint-Pétersbourg. Dès lors il ne fut plus loisible à
qui que ce fût d'émettre un avis contraire à celui de Soumarokoff; à la plus

timide contradiction, il se redressait de toute sa hauteur et écrasait son interlocuteur de cette phrase foudroyante, qui ne manquait jamais son effet, d'ailleurs : « Est-ce que l'on croira un scribe plutôt que M. de Voltaire et moi? »

L'influence de la littérature française sur les lettres russes ne fit que s'accroître sous le règne de Catherine II. L'impératrice elle-même entretenait une correspondance avec Grimm, Diderot, Voltaire; elle appelait *l'Esprit des lois* son livre de messe. Elle offrit à d'Alembert cent mille roubles par an s'il consentait à venir à Saint-Pétersbourg et à se charger de l'éducation du tzaréwitch; en outre elle lui permettait d'emmener quelques amis, et leur promettait qu'ils trouveraient dans son empire plus de liberté que chez eux.

Et lorsque d'Alembert eut décliné ces

propositions, elle revint à la charge en
disant :

« Je tiens si fort à l'éducation de mon
fils, et vous m'êtes si nécessaire, que je
me permets d'insister auprès de vous
peut-être plus qu'il n'est permis. »

La tzarine n'était pas la seule admira-
trice enthousiaste des encyclopédistes ;
c'était à la cour un engouement général.
Nous trouvons dans les *Mémoires* de la
princesse Dachkoff ces lignes pleines de
cœur consacrées au souvenir de Diderot :

« J'aimais dans Diderot jusqu'à son
emportement, qui était le fruit de ses
idées audacieuses et de son sentiment
sincère... On n'a pas su apprécier à sa
valeur cette tête géniale... la justice et
la vérité étaient le seul mobile de toute
sa conduite, et toute son ardeur était con-
sacrée au bonheur général. »

L'influence des nouvelles idées d'éga-

lité et de fraternité qui germaient en
France fut si considérable en Russie, que
le directeur de l'Académie des beaux-arts,
Betzki, défendit formellement à Diderot
de l'appeler *Votre Excellence* dans ses
lettres ; aussi lorsque Falconet partit pour
Saint-Pétersbourg, Diderot lui recom-
manda de ne pas donner de titre à ce
boyard, qui était si profondément imbu
des idées égalitaires de la nouvelle philosophie, que cela eût suffi pour l'indisposer
contre l'artiste.

L'influence de Voltaire et des encyclopédistes se répandait bien au delà de
l'entourage de Catherine II, dans toute
la Russie, et tous ceux qui avaient les
moyens de s'instruire la subissaient. C'est
ainsi que la philosophie de Voltaire péné-
tra jusqu'au fond de l'empire russe. Il
n'est pas rare de trouver encore aujour-
d'hui des maisons seigneuriales qui ont

conservé les bibliothèques des aïeux, où l'on voit s'étaler les éditions originales des œuvres de Voltaire, de Rousseau et d'Holbach, qui, à cette époque, pénétraient plus facilement en Russie qu'elles ne circulaient en France.

Tourguéneff a connu dans son enfance un de ces voltairiens russes du siècle passé, et il en a retracé le portrait dans ses souvenirs.

« Goubariov parlait très bien le français. Il connaissait tout Voltaire par cœur et le plaçait au-dessus de tout. Il me semble qu'en dehors de Voltaire il n'existait pas d'écrivain pour lui. Son esprit était tout français, mais celui d'un Français d'avant la Révolution. Je me rappelle encore maintenant son rire continuel, fort et froid, ses jugements et ses manières libres et même un peu cyniques.

« Jonkovsk y aimait beaucoup Goubariov, et pour lui faire plaisir il lui fit présent d'une belle édition des œuvres complètes de Voltaire, richement reliées. On raconte que peu de temps avant sa mort les voisins du voltairien russe le voyaient souvent, dans sa maisonnette, qui tombait en ruines, assis à la table sur laquelle il étalait avec complaisance le cadeau de son illustre ami ; il tournait soigneusement les feuillets à tranche dorée de ses chers volumes, et là, dans le désert du steppe, il se délectait de tout son cœur dans la société de cet esprit qui faisait les délices de Frédéric le Grand à Sans-Souci, et de Catherine II à Tzarskoë-Selo...

« Malgré tout cet étalage de scepticisme, Goubariov portait à son cou une collection d'images de saints et d'amulettes, et se laissait entièrement mener par sa gouvernante, superstitieuse et ignorante. »

On voit que la bonne graine de la philosophie nouvelle, en tombant dans des terrains encore incultes, faisait lever parfois des fruits assez bizarres. Ce fut encore bien pis lorsque tout Russe qui se piquait d'être de son temps voulut un gouverneur français ou une gouvernante française pour élever ses enfants. C'était tout profit lorsqu'on mettait la main sur un homme instruit et capable d'initier les enfants à cette littérature qui sera toujours la gloire de la France ; mais les instituteurs manquaient, on se rabattit sur quiconque parlait le Français, n'importe comment, pourvu qu'il fût un compatriote de Voltaire. C'est ainsi qu'on introduisit dans les familles russes, pour instruire les enfants, des gens dont la place était bien plutôt à l'office qu'à la salle d'étude.

Un voyageur français qui était en correspondance avec Beaumarchais lui raconta ce fait, qui se passait à Moscou en 1789, et qui montre jusqu'où pouvait aller la gallomanie à cette époque.

« La femme de chambre d'une comédienne disgraciée du public fut un jour abandonnée à Moscou par sa maîtresse. C'était une très grosse femme, habituée à bien vivre et à ne pas faire grand'chose. Cette malheureuse ne savait que devenir, lorsque quelqu'un lui mit dans l'esprit de se faire *outchitel* (institutrice). On n'eut pas de peine à la persuader, et elle fut présentée dans la maison d'un riche seigneur de Moscou. La première question que celui-ci lui adressa fut :

— Savez-vous le français, madame ?

— Sacrédié, Monseigneur, je le crois bien, répondit-elle, c'est ma langue !

« Elle fut admise sur cette seule preuve de ses talents. Mais comme sa

réponse a cependant fait quelque bruit,
le nom de madame Sacrédié lui est de-
meuré. »

On se demande quelle éducation madame Sacrédié a su donner à ses élèves !
Les parents pouvaient encore s'estimer
heureux quand ces institutrices et ces
gouverneurs de rencontre respectaient l'in-
nocence des enfants confiés à leur charge.
Combien d'entre eux, se sachant inca-
pables de les instruire, se sont contentés
de les dépraver.

Faut-il s'étonner, après ces exemples,
de voir quelques écrivains attribuer la cor-
ruption des mœurs en Russie à l'influence
française. En effet, sous la direction d'institutrices comme madame Sacrédié, l'ai-
sance des manières françaises est devenue
chez les élèves de la licence ; la gaieté
française, de la bouffonnerie ; le dédain des
croyances grossières, un scepticisme blasé

mêlé de superstition, et la frivolité française, le mépris de tout travail. En un mot, les qualités naturelles des Français, mal imitées et perverties, se transformaient en vices.

La France n'est pas responsable de cet abus, et ce n'est pas non plus sa faute si les gallomanes russes en étaient venus à parler une langue qui n'était ni du français ni du russe. A quel idiome appartient la phrase suivante ?

Ja désespéré, amanta moia, sdelala mené infidélité, a ja a coup sur protiv rivala boudou revangirovatsia.

Voilà un jargon bien difficile à classer et qui veut dire tout bonnement : « Je suis désespéré, mon amante m'a fait une infidélité, et à coup sûr je me vengerai de mon rival. »

Par bonheur, il a suffi d'un homme de génie pour épurer la langue russe en retenant tous les mots susceptibles d'une assimilation complète, et en éliminant impitoyablement tout le fatras qui l'encombrait. Cet homme fut Karamzine, qui, loin d'être un gallophobe, fut un des écrivains russes qui contribuèrent le plus à initier son pays au mouvement littéraire de la France.

Après un engouement qui tournait à la manie, on devait s'attendre en Russie à une réaction non moins vive contre l'influence française ; cependant, même la campagne de 1812 n'eut pas le pouvoir de diminuer l'amour des Russes pour la France et tout ce qui venait d'elle.

C'est après cette guerre que l'auteur de *l'Ermite en Russie*, ouvrage qui jouit d'une grande vogue au commencement de ce siècle, fit un second voyage en Russie. Il me semble que le lecteur trouvera piquante l'énumération qu'il donne de tout ce qu'il a trouvé de Français à Saint-Pétersbourg.

« Quelque temps après mon arrivée dans cette ville, je me fis conduire sur la place du Grand-Théâtre ; je demande quel en est l'architecte, on me répond que c'est un Français, M. Mauduit. J'entre dans la salle et je vois représenter le *Tartufe* et *Werther* par des comédiens français.

« Le lendemain, je visite la Bourse ; à la vue de ce bel et immense édifice, je renouvelle mes questions de la veille ; voici la réponse :

— C'est M. Tomont, architecte français.

« Je reviens de la Bourse par le pont d'Isaac. Oh ! pour le coup, je ne questionne point, il y a trente ans que l'amour-propre national m'a nommé l'illustre Falconet, dont le génie créa la statue de Pierre le Grand.

« On me conduit aux travaux de l'aqueduc d'Iemskaïa : j'aperçois une multitude d'ouvriers ; un général inspecte ces grands travaux dont il dressa les plans ; c'est un Français, M. le général major Bazaine, ancien élève de l'École polytechnique.

« Un mois après, je dine chez un officier de la garde avec quinze de ses camarades. Durant tout le repas, mes seize officiers russes ne parlent que français.

« Après le diner, mon amphitryon me conduit dans sa bibliothèque, composée de trois mille volumes ; ce sont tous des livres français.

« Un matin, je visite deux pensions remplies de jeunes gens des premières familles ; qui les dirige ?

— Deux Français : MM. Cournand et Baron.

« Je vais voir le modèle de l'église

d'Isaac ; quel est l'architecte du monument qui promet d'être un des plus beaux de l'univers ?

— C'est un Français, M. de Montferrand.

— Quel est le directeur de l'institut des voies de communication ?

— C'est un Français, M. le général de Senovert.

— Quels sont les principaux officiers de cette administration, formée sur le modèle de nos ponts et chaussées ?

— Ce sont des Français : M. le général Carbonnier, MM. les généraux Fabre, Pothier, Destrein ; MM. les colonels Résimon et Raucour ; MM. les majors Clapeyron, Lainé, etc.

« Voilà deux professeurs de langues orientales ; ils sont Français : MM. Demange et Charmoy. »

Mon éclaireur me dit :

— Avez-vous fait connaissance avec le rédacteur de la gazette de la cour, *le Conservateur impartial?* c'est un abbé français, M. l'abbé Mauguin. Allez donc voir le respectable directeur de l'établissement des sourds-muets, c'est un homme d'un vrai mérite; il est Français, M. Jauffret.

« Ne manquez pas de lire les ouvrages du colonel Boutourlin, c'est un des bons historiens russes.

— Vous plaisantez, je ne sais point le russe.

— Tant mieux, tous ses ouvrages sont en français.

« Vous avez fait connaissance avec le sous-gouverneur des pages; c'est un Français.

« Il y a à quelques verstes de cette ville une belle manufacture d'armes, elle mérite d'être vue. Le directeur de cet établissement est un Français, M. le comte de Lancry.

« Vous rencontreriez dans le monde le vieux ministre de la marine, s'il n'était pas malade ; c'est le marquis de Traversaz. J'ai vu chez lui un officier général, directeur des constructions des vaisseaux de l'État ; c'est un homme qu'on dit fort habile ; il est Français, M. le général Brun.

« A propos, vous êtes fort recommandé, m'a-t-on dit, à S. A. I. Madame la grande-duchesse Alexandra ; vous serez présenté à cette princesse par le grand maître de sa cour, homme fort spirituel ; c'est un Français, M. le comte de Modène.

« Par-dessus tout, ne laissez point passer la belle saison sans faire un voyage aux colonies militaires, c'est une des choses les plus curieuses pour un étranger : l'architecte de ces établissements est Français, M. Dubut.

« Avez-vous vu le gouverneur de la banque ? il est Français, M. le comte de Lambert.

« Il faut que vous connaissiez les belles fonderies de la couronne : je vous recommanderai au directeur, qui est Français, M. Foulon.

« Enfin, si vous tombez malade, faites venir nos trois docteurs français, Le Maire, Monin et Fabre. On ne dira point : *Que vouliez-vous qu'il fît contre trois !...* car ces messieurs sont habiles.

« Quand l'air du pays vous fera souffrir des dents, réclamez les soins du dentiste de la cour ; il est Français, et s'appelle Sausserotte.

« Si vous achetez des livres, allez chez M. de Saint-Florent, libraire de la cour.

et chez M. Pluchard ; ce sont deux Français.

« Désirez-vous agrandir le cercle de vos connaissances ? Rien de plus facile, je puis vous mettre en relation avec plus de cent précepteurs, tous Français ; et si vous préférez la société des femmes, dites un mot, et je vous ferai connaître deux cents personnes de compagnie ou gouvernantes d'enfants, toutes Françaises.

« Quant aux marchandes de modes, madame votre femme ne peut pas se fourvoyer, il n'en est point qui ne soient Françaises. Enfin, tous les coiffeurs et tous les cuisiniers de grandes maisons sont des Français. »

Étonné d'entendre ce continuel refrain qui fatiguera peut-être le lecteur, je fus tenté de demander à mon Français si l'empereur était aussi né en France, et si la Néva était Française ?

III

LA RUSSIE ET LA RÉVOLUTION FRANÇAISE

Deux courants opposés. — La prise de la Bastille. — Influence des émigrés sur Catherine. — Rappel des Russes résidant à Paris. — Autodafé des œuvres de Voltaire. — Les *Viedomosti*. — L'exécution de Louis XVI. — Serment exigé des Français en Russie. — Laharpe. — Réponse du grand-duc au comte d'Artois. — La constitution en Russie. — Influence de la Restauration.

La Russie entière, le gouvernement, la cour, les classes cultivées, furent unanimes dans leur enthousiasme pour la France jusqu'aux premiers grondements de la Révolution. Alors il se produisit une scission, et il ne pouvait en être autrement. La tzarine s'était montrée jusque-là l'esprit le plus libéral de tout l'empire ; mais quand des idées on passa aux faits, elle se jeta brusquement dans la réaction, et la cour et tout ce qui s'y rattachait à sa suite ; il subsista à côté tout un parti libéral qui resta fidèle à la France et applaudit à la Révolution. Ces deux courants opposés partagent encore aujourd'hui la Russie : quand la France est démocratique, elle a pour elle tout le parti libéral, et, en revanche, rencontre peu de sympathies dans l'entourage du tzar ; lorsque, au contraire, la France verse dans la réaction, elle a pour elle tout ce qui touche au gouvernement, et contre elle toute la Russie libérale.

Le premier acte de la Révolution, la prise de la Bastille, fut saluée pourtant avec enthousiasme par tout le public russe. Le comte de Ségur, qui se trouvait à Saint-Pétersbourg à cette époque, cons-

tate le fait sans exprimer le moindre
étonnement à ce sujet. Et comment n'au-
raient-ils pas célébré la chute de l'ancien
régime, eux qui avaient pour maîtres
Voltaire, Diderot et Rousseau ?

Catherine II, néanmoins, ne s'y laissa
pas prendre ; le symptôme lui parut
grave. Son secrétaire Khrapovitzky raconte que, lorsqu'il lui annonça cette nouvelle, l'impératrice se troubla et s'écria
d'une voix émue :

— Ils sont capables de pendre leur roi
à la lanterne, c'est affreux !...

Il est pourtant permis de croire que si
Catherine avait eu pour conseillers à ce
moment Raditcheff, Novikoff, ou même
la princesse Dachkoff, ou encore Betzki,
son attitude envers la France révolutionnaire eût été tout autre : mais durant la
fin de son règne ce furent les émigrés
français qui dictèrent à la tzarine sa ligne

de conduite politique. Ce sont des Français et non des Russes qui lui conseillèrent d'aller combattre la France ; ce sont ces mêmes émigrés qui lui insinuaient que la cause du roi de France était la cause de tous les souverains, et que la majesté outragée exigeait une solennelle expiation.

C'est également à leur instigation qu'elle rappela tous les Russes qui se trouvaient à Paris, avec l'ordre de se présenter dans le plus bref délai. Cette mesure fut motivée par la nouvelle que le fils du comte Stroganoff et son gouverneur faisaient partie du club des Jacobins.

Autant il avait été de bon goût, avant la Révolution, de louer tout ce qui venait de la France, autant, après cet événement, il fut de rigueur de dénigrer systématiquement tout ce qui se disait ou se faisait dans la patrie de Voltaire et de

Rousseau ; les émigrés donnaient le ton.

Un jour Potemkine, dans un entretien avec le comte de Langeron, s'écria :

— Vos compatriotes sont des niais !... Il me suffirait de prendre avec moi mes postillons, et ils auraient vite remis la France à la raison, rien qu'à coups de fouet !

Le comte de Langeron trouva que cette manière cosaque de traiter la France était tout ce qu'elle méritait.

C'est toujours pour suivre les conseils des émigrés que Catherine II ordonna a confiscation de toutes les œuvres de Voltaire et les condamna au feu. De vrais autodafés de livres s'allumèrent sur tous les points de la Russie.

Les mêmes personnes à qui, peu auparavant, l'impératrice enseignait en personne les principes du droit de l'homme, furent persécutées avec férocité pour leurs idées, et si elles persistaient dans leurs opinions, déportées en Sibérie ou jetées au cachot.

Le seul journal russe qui s'imprimât en ce temps à Saint-Pétersbourg. les *Viedomosti*, était inspiré par les émigrés. L'esprit de la critique. toute la manière d'envisager la Révolution et la politique trahissait une origine étrangère.

Jamais un Russe n'aurait inventé l'anecdote suivante, que les *Viedomosti* publiaient pour ridiculiser les révolutionnaires :

Barnave, se trouvant en compagnie, exaltait les mérites de la Révolution, et s'écriait :

— Enfin la philosophie éclaire notre chère patrie !

— Je ne dis pas le contraire, répondait une des personnes présentes, mais surtout sous les lanternes.

C'est par des plaisanteries dans ce genre qu'on se flattait de dépopulariser les encyclopédistes en Russie.

Un jour l'impératrice, après avoir passé son armée en revue, s'écria avec orgueil en désignant ses soldats :

— Ceux-ci n'ont pas des piques patriotiques.

Et les courtisans de renchérir :

— Ni des bonnets phrygiens !

Les premières victoires de la coalition sur l'armée française furent fêtées par Catherine II et les émigrés avec une grande pompe, et les *Viedomosti* célébrèrent, dans des articles enthousiastes, les ennemis de la France.

La nouvelle de l'exécution de Louis XVI causa une telle émotion à l'impératrice, qu'elle en fut malade et dut se mettre au lit :

— L'égalité est un monstre... et ce

monstre veut se faire roi... Il faut exterminer jusqu'au nom de Français! dit à son secrétaire l'élève des encyclopédistes.

Catherine II, toujours sous l'influence des émigrés, promulgua un ukase qui menaçait d'expulsion tous les Français residant en Russie qui ne prêteraient pas dans les églises le serment solennel qu'ils répudiaient « les lois révoltantes introduites par les voleurs du pouvoir ». Ils devaient, en outre, s'engager à n'entretenir aucune relation avec leur patrie, jusqu'à ce que l'ordre y fût rétabli et le gouvernement révolutionnaire châtié.

Catherine II et les émigrés se flattaient qu'en mettant ainsi la France révolutionnaire en interdit ils détruiraient son prestige en Russie, où elle comptait de nombreux partisans enthousiastes.

Les noms de tous les Français qui prétèrent ce serment antipatriotique furent publiés dans le journal de Saint-Péters-bourg; environ mille familles françaises, et des plus huppées, répudièrent ainsi à la face du monde leur patrie menacée par l'invasion.

Voici quelques-uns des noms qui figu-raient sur cette liste : les Bombelles, les Sénac de Meilhac, les Saint-Priest, les Choiseul-Gouffier, les Esterhazy, etc.

Le rôle que les émigrés ont joué auprès de Catherine II n'a pas été suffisamment éclairci jusqu'à ce jour. Leur influence a été d'autant plus pernicieuse qu'elle a dé-tourné l'impératrice de sa lutte contre la Prusse. Elle venait d'entrer, à la veille de la Révolution, en pourparlers avec le gouvernement de Louis XVI, en vue d'une alliance qui aurait tenu la Prusse en échec; mais les émigrés, pour qui le roi passait avant la patrie, préférèrent travailler à

3.

l'affaiblissement de la France et à l'agrandissement de son ennemie séculaire, pourvu que la royauté fût sauvée. Cependant les intérêts de la Russie étaient si contraires à une guerre avec la France, que Catherine II ne s'engagea jamais sérieusement dans cette voie.

D'ailleurs, dans son for intérieur, elle ne croyait pas au succès de la réaction, et poussait la prévoyance jusqu'à préparer pour la Russie un tzar libéral, à qui elle donna pour gouverneur Laharpe, qu'elle appelait en badinant : « Monsieur le jacobin. »

Laharpe professait ouvertement ses sympathies pour la Révolution à la barbe de tous les marquis à talons rouges. Mais le comte d'Artois et les Esterhazy eurent beau supplier Catherine II de mettre à la porte ce dangereux mentor, elle resta inébranlable.

M. Soukhomlinoff, dans la *Revue du ministère de l'instruction publique*, en 1871, livre Ier, raconte à ce sujet le fait suivant :

« Un jour, plusieurs émigrés étaient réunis autour de Catherine II. On parla de l'ancien régime, et le comte d'Artois ne tarissait pas en éloges, quand tout à coup le grand-duc Constantin l'interrompit, et dans un discours éloquent démontra les vices de l'ancienne monarchie et de la féodalité. Lorsque l'impératrice lui demanda où il avait puisé tous les faits qu'il citait dans son discours, le grand-duc répondit qu'il lisait avec Laharpe les *Mémoires posthumes* de Duclos. Catherine II le félicita de son application, et les émigrés se retirèrent tout confus. »

On a tout sujet de croire que Catherine II voulait octroyer à la Russie une constitution.

Les *Mémoires* de Sabloukoff, publiés par l'*Archive russe*, en 1869, ne laissent même subsister aucun doute à ce sujet :

« Dans les dernières années du règne de Catherine II, dit-il, l'impératrice et ses conseillers décidèrent que Paul serait écarté du trône s'il refusait de prêter serment à la constitution, qui était déjà élaborée ; dans le cas où il n'accepterait pas cette condition, son fils Alexandre monterait sur le trône, pourvu qu'il consentît à prêter le serment exigé.

Malheureusement, Catherine II mourut avant d'avoir pu proclamer Alexandre Ier son héritier. Mais dès que Paul Ier fut assassiné, Alexandre Ier se prépara à doter la Russie d'une constitution qui eût été le fruit de la Révolution française. Malheureusement à cette époque la Révolution elle-même succomba sous le sabre de Napoléon ; un souffle de réaction se répandit dans toute l'Europe, le libéralisme d'Alexandre Ier s'éteignit dans les rêves mystiques où l'entraîna Mme de Krüdner, et déjà le règne de Nicolas approchait.

La Restauration est la seule époque de l'histoire où la France porta malheur à la Russie. Les libéraux virent la cause de la réaction dans l'instabilité politique du peuple français. Mais est-ce vraiment à lui qu'en incombe la responsabilité?

LA FRANCE DEVANT LA RUSSIE
CONTEMPORAINE

IV

LE PARTI LIBÉRAL

Amis de la France. — Un Alceste russe. — Le caractère français d'après Karamzine. — Enthousiasme pour Paris. — Parallèle entre le génie anglais, allemand et français, par Biélinski. — Russe et Français, par Tourguéneff. — Tourguéneff croit à la République et en Gambetta. — Les *Novosti* et leur propagande en faveur d'une alliance franco-russe. — *Le Messager d'Europe* et l'expulsion des princes. — Skobelef et Gambetta. — La presse russe et M. Floquet.

Le parti libéral en Russie a été de tout temps l'ami de la France; il ne pouvait d'ailleurs en être autrement : ce parti ne s'est-il pas formé sous l'influence de ces idées françaises qui ont jeté des semences de liberté partout où elles ont soufflé!

Les premiers libéraux russes ont reçu

le baptême de la liberté à Paris ; ils se sont toujours inspirés des écrivains français et ont pris pour modèles des héros également français.

C'est ainsi que nous voyons les premiers libéraux russes se placer sous l'égide de l'Alceste de Molière pour battre en brèche les vices de la société moscovite. Il en était temps ; le mensonge, la servilité, la dilapidation, avaient pris, sous le règne de Catherine II, des proportions effrayantes.

La Russie s'était policée, mais de cette civilisation qui allait se raffinant de plus en plus en France, pour s'abîmer dans la Révolution. Le monde de Saint-Pétersbourg était bien préparé pour donner naissance à quelques citoyens assez courageux pour jeter à la face des rois et de leurs laquais la sobre vérité d'Alceste, tranchante comme l'acier et forte comme la raison. C'est alors qu'on voit apparaître le premier écrivain politique, le premier misanthrope russe, le célèbre Raditcheff.

Raditcheff avait, dès son jeune âge, voyagé à l'étranger. Il était du nombre de ces jeunes gens envoyés par Catherine II en France et en Allemagne pour faire leurs études aux frais du gouvernement. A son retour en Russie, il fut promu au poste de directeur de douane. Intègre, honnête et animé des meilleurs sentiments pour son pays, Raditcheff ne pouvait s'abstenir de blâmer le vol qui se pratiquait ouvertement sous ses yeux. Son cœur se déchirait à la vue des fonctionnaires qui ruinaient leur pays de sang-froid, dévorant, comme un troupeau de bêtes, jusqu'aux racines, les pousses de la nouvelle civilisation russe. Doué d'un talent remarquable de publiciste, il exhala son mécontentement dans des satires mordantes, qu'il publia dans un célèbre recueil périodique intitulé : *le Courrier des esprits*.

Ces satires sont écrites sous forme de lettres échangées entre les esprits Zara, Bouristan, Vestodar. Dans une de ces épîtres que le sylphe *Voit-Loin* adresse au magicien Malikoulmouki, nous trouvons une véritable apologie de la misanthropie.

« *Le Misanthrope* de Molière, écrit le sylphe *Voit-Loin*, a fait plus de bien à la France que les prédications de Bourdaloue et d'autres orateurs de la chaire. Puisque le type créé par Molière a pu exercer une telle influence, que n'aurions-nous pas obtenu si nous avions eu un Alceste en chair et en os ? »

Le sylphe souhaite que la société possède un grand nombre d'Alcestes, car c'est à ces hommes-là qu'appartient le privilège de démasquer le mal, le mensonge, la fausseté ; ce sont eux qui, en confondant le vice, purifient le monde.

Et alors, passant des paroles à l'action, Raditcheff revêt lui-même le caractère d'Alceste, et publie son fameux VOYAGE DE MOSCOU A SAINT-PÉTERSBOURG.

Dans ce livre, où il s'élève surtout contre l'abominable servage dans lequel croupissait le paysan russe, il représente la Vérité, chassée du palais des tzars, apparaissant au souverain dans son sommeil pour lui dire : « Si du milieu du peuple s'élève un homme qui blâmera tes œuvres, sache que c'est ton ami, qui n'attend de toi nulle récompense, qui ne tremble pas comme un esclave ; il te parlera de moi à haute voix. Ne t'avise pas de le punir comme un rebelle : accepte-le, entoure-le comme un étranger ; car qui blâme un tzar autocrate est un étranger sur la terre où tout tremble devant le maître. Mais des cœurs aussi fermes sont rares ; dans un siècle le monde n'en donne qu'un, et pas toujours. »

Raditcheff devait apprendre à ses dépens qu'il est dangereux de jouer le rôle d'Alceste à la cour de Russie. Catherine II, tout en applaudissant aux tirades du héros de Molière, pour sortir son imitateur russe « d'un gouffre où triomphent les vices », lui trouva, en Sibérie

« Un endroit écarté.
... où d'être homme d'honneur *il eût* la liberté !

Après Raditcheff, parmi les amis les plus zélés de la France, nous citerons Karamzine. Doué d'un caractère calme et posé, il était de ces libéraux que l'âge ramène insensiblement vers les conservateurs. Néanmoins, il ne cessa durant toute sa vie de présenter la France à ses compatriotes sous le jour le plus sympathique.

Comme Raditcheff, il fit son pèlerinage à Paris et s'efforça de pénétrer dans la vie du peuple français. Il entra en relation avec tous les hommes éminents dans les lettres et dans les sciences, et, de retour chez lui, recueillit ses impressions en un volume intitulé : LETTRES D'UN VOYAGEUR EN EUROPE, où la France occupe la place d'honneur.

Un fragment de ces lettres a paru en français dans *le Spectateur du Nord*, en 1797, et j'en détache les lignes suivantes, telles que Karamzine les a tracées :

« Je vous nomme l'air et le feu, et le caractère des Français est déjà défini. En effet, c'est la nation la plus spirituelle, la plus sensible et la plus légère. Toutes les qualités sociales et tous les mouvements qui en proviennent sont, chez les Français, à l'apogée de leur perfection. Tout vous sourit ici, et ce sourire de politesse, que nous voudrions imiter en vain, et qui, chez un Allemand, chez un Anglais, n'est très souvent qu'une affectation désagréable (pour ne pas dire une grimace) est quelque chose de si naturel, de si gracieux chez ces Français aimables !

« Je chéris ma patrie; mais que l'on me permette d'aimer aussi ce peuple et ses manières séduisantes, qui attireront toujours les étrangers en France.

« On dit que ce n'est pas ici qu'il faut chercher des amis sincères : des amis ! Ah ! ils sont rares dans tous les pays, et ce n'est pas à un voyageur d'en trouver où que ce soit, lui qui n'est qu'une comète qui paraît et disparaît. L'amitié est un besoin de la vie; on veut quelque chose de solide pour son objet. Mais tout ce qu'un étranger peut exiger des gens qu'il vient voir de loin, les Français vous l'offrent de la manière la plus obligeante.

« Cette légèreté, cette inconstance, qu'on leur reproche justement, et qu'il faut bien placer parmi les défauts de caractère, sont rachetées chez eux par de belles qualités de l'âme, qui tiennent à ces mêmes défauts.

« Le Français est changeant; mais, en revanche, il n'est pas haineux; l'admiration le fatigue, la haine aussi. Étourdi, il quitte souvent un bien pour un autre, rit le premier de ses erreurs, et en pleure même s'il le faut.

« La gaieté, la folie, sont les aimables compagnes de sa vie; *le petit mot pour rire* lui fait autant de plaisir que la découverte d'une nouvelle île à l'Anglais avare, qui regarde le monde et les hommes comme un objet de spéculation pour la Bourse de Londres.

« Sensible à l'extrême, il devient l'amant le plus passionné de la vérité, de la gloire, de tout ce qui est grand et beau; mais les amants sont volages! Ces moments d'engouement, d'enthousiasme, de colère, peuvent le porter à des excès terribles : ceux de la Révolution en fournissent la preuve.

« Enfin, ce serait bien dommage si ce grand événement devait changer tout à fait le caractère de la nation : je crois qu'elle perdrait au change, et cesserait d'être ce qu'elle est toujours à mes yeux : *la plus aimable* de toutes les nations. »

La génération qui a suivi celle de Karamzine a hérité du même amour pour la France.

« Je me rappelle, écrit Dostoïevski dans ses notes sur son voyage à Paris, combien, il y a une quinzaine d'années, nous chérissions tout ce qui venait de France. Non seulement nous étions à genoux devant George Sand et Proudhon, et nous tenions en grande estime Louis Blanc et Ledru-Rollin, mais nous exaltions jusqu'à des nullités, glorifiant les noms les plus insignifiants, même ceux de personnages qui ont sacrifié leurs principes à la politique dès qu'elle leur a fait des avances.

« Ces hommes étaient Français, c'était assez pour nous faire attendre d'eux des hauts faits et des prodiges en faveur de l'humanité ! »

Un autre écrivain russe, l'ex-directeur des *Annales de la patrie*, M. Saltikov, plus connu sous son pseudonyme de Tchédrine, fait également allusion aux sentiments enthousiastes que les Russes de cette époque éprouvaient pour la nation française.

« Les noms de France et de Paris sont intimement liés pour moi à des souvenirs de jeunesse, c'est-à-dire à des souvenirs qui datent de 1840. Ces noms contenaient, non seulement pour moi, mais pour tous les jeunes Russes de mon temps, quelque chose de fascinant, d'éblouissant, qui réchauffait notre vie, et, dans une certaine mesure, en déterminait la direction.

« Il émanait de cette France la foi en l'humanité et la confiance que l'âge d'or n'était point derrière nous, mais en avant... En un mot, toutes les aspirations vers ce qui est grand et généreux et l'amour débordant pour tout ce qui est humain nous venaient d'elle.

« De fait, nous vivions en Russie, ou plutôt à Saint-Pétersbourg, mais notre vraie vie, notre vie intellectuelle et morale se passait réellement en France. »

Au premier rang parmi les libéraux de cette époque nous trouvons Biélinski, le critique et le publiciste le plus célèbre que la Russie ait eu jusqu'à ce jour. C'était

un de ces hommes qui font école. A l'heure
qu'il est ses écrits sont encore l'évangile de
tout Russe qui se pique d'idées libérales.
On peut dire qu'il a tracé leur voie aux
plus grands romanciers de la Russie ; en
effet, Dostoïevski, Tourguéneff, Gontcharoff, ont docilement suivi ses conseils, et
c'est également à son école que se sont
formés les esprits les plus hardis de la
nouvelle génération.

Nous aurons plus d'une fois l'occasion
de citer les appréciations qu'il a portées
sur la France, et en particulier sur la littérature, car son opinion fait encore la loi
en Russie.

Pour le moment nous nous conten-
terons de donner le parallèle caractéris-
tique qu'il établit entre les génies res-
pectifs des Français, des Anglais et des
Allemands :

« L'idéalisme est la source de la vie

nationale en Allemagne. Le but de la vie pour l'Allemand, c'est la science, et tout son savoir est contenu dans une idée. Quand il a compris l'idée d'un sujet, il croit déjà le dominer... et il lui est indifférent que cette idée soit conforme à son idéal.

« Tout autre est la source de l'inspiration chez le Français : il est toujours lancé à la poursuite ardente et éternelle de l'idéal, faisant tous ses efforts pour le réaliser dans la vie pratique. L'art a toujours été en France l'expression de cet élément générateur de la vie nationale ; dans le siècle du septicisme, il s'est manifesté sous la forme de l'ironie et du sarcasme ; maintenant c'est le seul art qui soit empreint des souffrances du présent et plein d'espérance en un meilleur avenir.

« L'art français a toujours été profondément national, même au temps du pseudo-classicisme, quand il imitait les anciens. Corneille, Racine et Molière sont des poètes aussi profondément nationaux que Voltaire et Rousseau, après eux, et que Béranger et George Sand aujourd'hui.

« L'Angleterre est juste l'opposé de l'Allemagne et de la France. L'utilitarisme est la source de toute la vie anglaise. L'homme en soi n'est rien dans cette société, il reçoit sa valeur de ce qu'il possède. Mais l'Angleterre est aussi le pays de toutes les contradictions morales ; ainsi elle présente à côté de son indifférence pour le bien et le mal le don de l'humour le plus profond. Enfin elle possède en Byron un poète qui par son tempérament poétique tient beaucoup plus de la France que de l'Angleterre et se montre même hostile à sa patrie.

« Cette idée qui préside à la vie nationale se retrouve dans les mœurs et les coutumes les plus insigniliantes des peuples.

« Ainsi la passion des Français pour les bals, les théâtres et toutes sortes de divertissements publics, leur amabilité et leur politesse naturelles, leur don pour la conversation, le talent avec lequel ils savent populariser la science, rendre toute idée accessible à tout le monde par une exposition claire et nette, l'inconstance même de leurs modes — tous ces traits caractéristiques découlent de l'idée qui inspire leur vie nationale, leur aspiration passionnée vers l'idéal.

« En société, les Anglais sont graves, inabordables ; ils sont plus à leur aise au parlement, au tribunal, à la Bourse, que dans un salon ; leurs banquets et leurs dîners accusent une sociabilité politique plutôt que mondaine. Ils aiment la vie de famille, mais à la condition que le chef en soit le petit tyran et qu'elle repose sur des principes qui rappellent un peu la barbarie de la féodalité.

« L'Allemand ne connaît ni la sociabilité mondaine, ni la sociabilité politique. La place qu'occupent dans la vie du Français le salon, le bal masqué, le théâtre, le boulevard ; dans la vie de l'Anglais, le parlement et la Bourse, est remplie pour l'Allemand par l'université, les congrès de savants, les commissions de savants. C'est par ce fait que nous pouvons nous expliquer le nombre considérable des universités allemandes et leurs mœurs singulières, en particulier cette opposition marquée entre les coutumes des *bursche* (étudiants) et des *philisters* (bourgeois).

« Jusqu'à l'âge de trente ans l'Allemand est un *bursche*, mais l'aiguille de l'horloge n'a pas plus tôt glissé sur la dernière minute de ses trente ans, que le *bursche* se métamorphose en *philister*, comme par enchantement. Il y a même beaucoup d'Allemands qui naissent *philisters* et ne seront pas une seule minute de leur vie *bursche*; mais au contraire il ne leur arrive jamais de naître *bursche*, c'est un masque qu'ils se mettent et qu'ils ne gardent jamais au delà de leur trente et unième année.

« L'Allemand peut vivre où il veut, il se plait partout ; il se fait en tous lieux une patrie, et il reste dans toutes les contrées fidèle à sa nature, c'est-à-dire le même Allemand toujours lourd...

« Il est plus fait pour la famille que l'homme d'aucune autre nation, et rien n'est à la fois plus élevé, plus doux ni plus banal que son bonheur domestique. C'est l'essence de l'exclusivisme et de l'étroitesse. Le sucre est assurément une chose douce, mais assaisonnez un dîner rien

qu'au sucre, et vous aurez un repas fade et
malsain. Aucune langue ne possède des
chants d'amour aussi élevés que la littérature allemande, mais c'est aussi dans cette
langue qu'on trouve le plus grand nombre
de récits d'amours fades jusqu'à la trivia-
lité. Et les talents médiocres ne sont pas
seuls en cause... Quoi de plus fade et de
plus banal que *Stella, Hermann et Do-
rothée*. Et pourtant Gœthe est un grand
génie. »

Il est impossible de parler des libéraux
russes sans mentionner le plus illustre
peut-être d'entre eux, celui qui avait fait
de la France sa patrie d'adoption, « parce
que, disait-il, nulle part je ne respire
aussi librement et ne me sens si bien
chez moi ! » Tout le monde a déjà nommé
Ivan Tourguéneff. Il est trop connu à
Paris pour que j'en parle longuement.

Je me contenterai de rappeler ici qu'à

l'exemple de Biélinski, et comme la plupart de ses compatriotes, il voyait dans la France le pays des grandes idées, toujours à la poursuite d'un idéal qu'il s'efforce de réaliser dans sa vie nationale.

Mais dès que la France semblait s'engourdir, s'endormir au milieu de stériles débats parlementaires, oubliant qu'elle a pour mission de préparer de nouvelles voies à l'humanité, Tourguéneff et le parti libéral russe se désespéraient ; ils voyaient déjà la France descendre du piédestal qu'elle a si longtemps occupé, et céder sa place de guide de l'humanité à une autre nation... Laquelle ? Tourguéneff avait une telle haine contre l'empire, que pendant toute sa durée il préféra s'exiler hors de France. Il crut un instant que l'Allemagne pourrait devenir le pionnier d'une civilisation nouvelle ; mais lorsque la guerre vint montrer clairement en quoi

consistait l'idéal de ce pays : un milita-
risme farouche, un désir effréné de dominer le monde entier par la force brutale,
Tourguéneff tourna le dos à l'Allemagne,
rompit presque toutes ses relations dans
ce pays, et revint à Paris, où il se lia intimement avec les principaux représentants
de la nouvelle école littéraire.

A son retour dans sa patrie d'adoption,
Tourguéneff fut pris encore une fois d'un
accès de découragement ; la nouvelle génération française ne répondait pas à son
attente, et, jetant un coup d'œil pessi-
miste sur l'avenir, il se dit tristement que
la France de ses rêves avait vécu. Alors
il se tourna vers sa véritable patrie et se
demanda si ce n'était pas du sein de cette
Russie autocratique, qu'il fuyait à cause
de son despotisme, que surgirait un jour
une élite d'hommes jeunes et résolus qui,
comme les Français du siècle dernier,

accompliraient l'œuvre de la rénovation
sociale.

« Remarquez surtout, disait-il à ce sujet
à un de ses compatriotes, qui relate cette
conversation dans *la Pensée Russe* (1873),
remarquez que le peuple russe est toujours à la recherche de la justice et de
l'idéal, tandis qu'en France on observe
dans toutes les classes de la société une
sorte de cristallisation de l'âme : il semble
que la morale et les idées ont atteint leur
terme, comme si la nation avait épuisé
toute la provision de ses forces intellectuelles...

« Une autre différence entre le Russe
et le Français, continua Tourguéneff,
tient à l'esprit essentiellement positif du
penseur russe. Les Français s'étonnent
de voir dans la jeunesse russe une absence
complète de tout sentiment religieux. Le
Français est libre penseur par principe,

tandis que le Russe l'est de nature. Le
Français est toujours en guerre avec
Dieu, tandis que le Russe, qui ne croit
pas, ne s'en préoccupe jamais. Le Français, lors même qu'il ne croit pas, continue
d'observer la forme et le rite religieux ; la
nature même du Russe le pousse à se
dérober à toute forme, à tout rite. La même
tendance se retrouve chez le Russe en
politique et en morale, il ne connaît pas
de formules sacrées, de traditions, d'i-
doles : il aspire à s'élever au-dessus de
tout et à ne s'agenouiller que devant l'i-
dée absolue de la liberté de l'homme,
qui doit être lui-même son propre juge et
son propre maître. »

« Mes amis français, continue Tourguéneff, m'ont plusieurs fois demandé avec
étonnement : « Comment se fait-il que la
femme russe, tout en n'étant ni croyante
ni superstitieuse, reste souvent si chaste ?

— Chez nous autres, m'ont-ils dit, si une femme n'a pas de religion, elle se laisse aller à la débauche ; la femme française ne connaît pas de milieu entre la religion et l'adultère, tandis que chez une Russe la chasteté peut s'allier à l'indifférence religieuse la plus absolue. Serait-ce parce que vos femmes manquent de tempérament ? — Mais elles en trouvent lorsqu'il s'agit de se donner avec passion à une idée, et de faire le sacrifice de soi-même pour poursuivre un grand but !... »

« Mes amis, comme la plupart de leurs compatriotes, ne peuvent pas comprendre que l'absence d'habitudes de luxe et de confort, la prédominance de l'esprit sur les besoins de la chair, sauvent la femme russe de la dévotion et du vice, et la poussent dans la sphère des idées, dans la voie du progrès et des sacrifices.

« Examinez l'art, le théâtre, le roman

et même la poésie en France : partout
domine la forme, elle est pleine d'élé-
gance et de beauté ; mais rien ne fait appel à la pensée ni au sentiment... On
dirait que les Français ont achevé leur
cycle de civilisation : satisfaits de ce qu'ils
ont produit, ils se sont figés dans l'œuvre
accomplie, ayant épuisé toute leur provision de forces intellectuelles ; tandis que
nous, Russes, nous avançons, nous cher-
chons la vérité, des formes nouvelles de
la vie et de la beauté... »

Il ne faudrait pas prendre cette boutade
trop au sérieux et y voir le fond de la
pensée de Tourguéneff : elle a dû lui
échapper dans une de ces crises de désen-
chantement auxquelles les grands artistes
sont presque tous sujets.

Aussi nous trouvons dans une lettre
qu'il écrivait à Paris, le 14 février 1876, et
qui était adressée à un autre libéral russe,

dont nous avons déjà parlé, M. Saltykov, ces réflexions beaucoup plus encourageantes :

« Est-ce que vous continuez à vous emporter contre Gambetta ? Dans ce cas vous avez surpassé Belleville, qui vient de lui donner une si forte majorité... Vous pouvez le juger aussi sévèrement que vous voudrez, il n'en est pas moins certain que c'est entre ses mains que se trouvent actuellement les destinées de la République et de la France elle-même... Les élections ont produit ici une vive impression, et il n'y a pas de doute que nous allons suivre une voie toute différente... Vous allez me prendre pour un optimiste, mais il y a déjà longtemps que je n'ai envisagé l'avenir avec autant de confiance. J'attends beaucoup plus de la France que de la Russie, où chaque jour la situation devient plus incompréhensible... Ici les cléricaux menacent de tuer Gambetta, il leur fait l'effet d'une cataracte qu'ils auraient à l'œil... Et moi je juge les hommes d'après ce qu'en disent leurs ennemis... »

Enfin, dans une autre lettre adressée au rédacteur du *Nouveau Temps :*

« Ne croyez pas, je vous en prie, comme la plupart des Russes, que le bonapartisme triomphera fatalement en France : *nous ne verrons pas la fin de la République ;* il est vrai que c'est une république bourgeoise et très calme. »

Je me suis arrêté jusqu'ici avec complaisance sur les appréciations qu'a portées sur la France l'élite du parti libéral en Russie. Ce chapitre ne serait pas complet si je ne donnais pas à côté la manière de voir du gros du parti, de cette masse qui relègue volontiers les idées au second plan, pour juger les autres nations au point de vue de l'intérêt du moment.

C'est aux organes du parti libéral qu'il faudra demander cette moyenne de l'opinion : nous la trouverons dans les *Novosti*, grand journal quotidien qui a groupé autour de lui les hommes les plus distingués dans ce courant d'idées, et dans *le Messager d'Europe*, une revue mensuelle qui a compté Tourguéneff parmi ses collaborateurs, et quelques Français, comme MM. Zola, Guy de Maupassant et Henri Fouquier.

Nous trouvons la pensée intime du parti libéral sur la France dans un article publié tout récemment par les *Novosti*, et intitulé : *La Russie et la France*. Il est dû à la plume d'un professeur à l'université de Kieff, M. Modestoff. J'en citerai les passages les plus saillants; on verra quelles espérances le parti libéral en Russie fonde sur une alliance franco-russe.

« Nous assistons à cette heure à un événement qui, hier encore, nous semblait
invraisemblable, et qui rencontre même
aujourd'hui bien des obstacles à sa réali-
sation. Un rapprochement amical tend à
s'établir entre la Russie et la France. Cet
événement, que nous appelons de tous
nos vœux depuis longtemps, et qui répond si bien aux intérêts des deux pays,
s'est produit insensiblement et s'est manifesté au moment même où les relations
diplomatiques de notre gouvernement et
de celui de la République devenaient
assez tendues, depuis le rappel du général
Appert, et menaçaient même de se gâter
tout à fait.

« N'est-ce pas une nouvelle preuve que
l'amitié entre la Russie et la France,
pour ne pas dire l'*alliance*, ne tient pas à
des causes extérieures, superficielles, ou
à un hasard quelconque, mais à la nature

même de la situation qu'une nécessité historique impose à ces deux pays en Europe ?...

« Une des particularités importantes de cette situation est le fait que les frontières de ces deux pays ne se touchent sur aucun point de leurs territoires.

« En revanche la Russie et la France ont l'une et l'autre pour voisine une nation pour laquelle ni les Russes ni les Français n'ont jamais professé de grandes sympathies, tandis que cette voisine regardait toujours à l'est et à l'ouest avec méfiance, inquiétude et malveillance, sans jamais témoigner dans ses rapports avec l'un ou l'autre peuple ni amitié sincère ni estime. C'est pourquoi la Russie a toujours eu avec la France un intérêt commun, qui n'était pas bien sérieux tant que l'Allemagne était un État peu redoutable, mais qui a

pris une grande importance lorsque la
petite Prusse est devenue l'État militaire
le plus puissant de l'Europe et a pris
une attitude menaçante pour le repos
de l'Orient aussi bien que pour celui de
l'Occident.

« D'ailleurs, avant que l'Allemagne soit
venue resserrer les liens de sympathie
qui unissaient la France et la Russie,
ces deux pays n'étaient-ils pas déjà
rapprochés par un intérêt commun,
n'avaient-ils pas la même rivale forte et
énergique, l'Angleterre? Les intérêts de
l'empire britannique ne heurtent-ils pas
partout ceux de la France et de la
Russie.

« L'extension de la puissance de la
France est l'amoindrissement de l'Angleterre ; de même la force de la Russie
met également un frein à la domination
de l'Angleterre en Asie et en Europe...

« Ainsi la Russie et la France, non seulement n'ont aucune raison d'être en inimitié, mais elles ont des intérêts communs évidents, et il faut, au contraire, s'étonner que l'union de ces deux pays ne soit pas depuis longtemps un fait accompli. »

M. Modestoff constate que la presse a beaucoup « contribué à opérer ce rapprochement »; mais en même temps il déplore que souvent : « Soit par ignorance, soit par l'absence de tact politique ou pour servir des intérêts de parti, quelques-uns de nos publicistes fermaient les yeux sur la situation et déclinaient toute union avec la France. Les uns appelaient la France le pays de l'athéisme et de l'anarchie; les autres chantaient en chœur avec les Allemands pour lui prédire sa fin prochaine. Mais comme la France, malgré « son anarchie » et « son

athéisme », loin de périr, s'est relevée
avec une rapidité dont les organismes
d'une vigueur exceptionnelle sont seuls
capables, les prophètes de mauvais au-
gure se sont tus, et nous assistons maintenant à un concert de louanges où l'on
exalte son excellente armée et sa bravoure nationale ; tous les partis sont unanimes chez nous à reconnaitre que son
alliance serait d'un grand prix pour la
politique russe. »

M. Modestoff remarque avec satisfaction qu'en France actuellement on s'occupe beaucoup de la Russie.

« Des écrivains français font connaitre
notre pays à leurs compatriotes avec une
profonde connaissance de la Russie, connaissance qu'ils ont acquise soit par des
voyages, soit en étudiant à fond l'histoire
et la littérature moscovites. Ils parlent de
la Russie avec sympathie et ont su fixer

l'attention du public français sur la littérature, l'art et le peuple russes. Cette faveur dont la Russie jouit en France, grâce à eux, n'a pas peu contribué à placer l'alliance avec la Russie comme un des points importants de tout programme politique en France, et tous les partis l'acceptent sans hésitation.

« Sans doute, personne ne souhaite plus ardemment que moi de voir la question des Balkans se régler pacifiquement... Mais si une telle solution venait à manquer, nous ne pouvons que nous féliciter de voir que c'est ce moment si grave pour nous que la France a choisi pour se rapprocher de la Russie ; et comme elle-même a besoin de notre appui, elle nous soutiendra par sa sympathie. Cette aide morale n'est pas à dédaigner, venant d'une puissance de premier ordre. Mais si la destinée conduisait ces deux États à une action commune à main armée, qui peut mettre en doute que la France et la Russie, agissant de concert, représenteraient une force invincible ! »

Le Messager d'Europe, l'organe mensuel du parti libéral, a aussi professé toujours de vives sympathies pour la France ; et chaque fois qu'une feuille conservatrice répandait en Russie de faux bruits sur des incidents de la politique intérieure en France, la revue libérale ne manquait pas de ramener les faits à leurs justes proportions. J'en citerai un exemple pris au hasard entre mille.

L'expulsion des princes ne pouvait manquer de soulever l'indignation de la presse conservatrice en Russie, et elle eut soin de représenter la France comme étant en pleine révolution et toute prête à recommencer la terreur avec la guillotine en permanence.

Le Messager d'Europe remarque à ce propos : « Les choses semblent toujours beaucoup plus graves vues de loin, d'autant plus que la presse française a la liberté de parler de tout, et que ses journalistes peuvent donner libre carrière à leur fantaisie. Cette facilité grossit beaucoup les événements, tandis que dans d'autres pays les véritables plaies de la nation restent enfouies et ignorées parce que personne n'a le droit de les mettre en lumière et de les discuter. Si on a fait tant de tapage en France à propos de l'expulsion de quelques personnages qui se croyaient au-dessus de la loi, cela prouve simplement que le principe de la liberté individuelle a pris racine dans ce peuple, et que toute infraction à ce principe soulève l'opinion. »

Malgré l'amitié enthousiaste qu'il porte à la France, le parti libéral en Russie ne

souffre pas qu'on vienne lui barrer le chemin chez lui, et *le Messager d'Europe*
est le premier à protester.

Ainsi le voyage de Mme Adam en Russie, ses relations avec les panslavistes,
et surtout la politique qu'à tort ou raison
les slavophiles attribuèrent à Gambetta,
à un certain moment, ne furent point du
goût des libéraux russes. Tout de suite
après la mort de Gambetta, Aksakoff rap-
porte dans son journal *la Russie* que
Gambetta avait projeté une alliance avec
la Russie, et qu'à ce sujet il avait dit au
général Skobeleff : « Remerciez Dieu de
ce que vous n'avez pas de parlement ; si
vous arrivez un jour à l'avoir, vous bla-
guerez pendant cent ans sans rien faire. »
L'indignation des libéraux fut grande et
me semble facile à comprendre.

« Sans doute, écrivit à ce propos *le
Messager russe* (février 1883), il eût été

plus commode, pour le patriote français
qui rêve une alliance de la France et de
la Russie contre l'Allemagne, de pouvoir
s'entendre avec Skobeleff seul, ou avec
tout l'état-major russe, plutôt que d'avoir
à demander l'avis de tout notre vaste
pays, dont plus d'un habitant ne se sou-
ciera que médiocrement d'aller se faire
couper la gorge pour faire restituer à la
France l'Alsace et la Lorraine... Autrefois, il est vrai, la Russie a guerroyé pour
des intérêts étrangers, et il était permis à
Gambetta de nous supposer la même ma-
gnanimité actuellement, puisque par bonheur nous n'avons pas encore la funeste
habitude de délibérer au grand jour sur
les affaires publiques, pour prendre des
décisions conformes aux intérêts de la
nation... Gambetta, avons-nous dit, pouvait avoir des idées erronées sur la Russie
actuelle et se figurer que chez nous tout

dépend de quelques généraux belliqueux,
et que les désirs du peuple ne doivent pas
être pris en considération; mais comment
un patriote russe tel qu'Aksakoff peut-il
partager cette opinion, si humiliante pour
nous, d'un républicain français. c'est ce
que je ne peux **comprendre**. »

J'ai tenu à rapporter cet incident parce
qu'il mériterait, il me semble, d'être
éclairci, et pour montrer le danger qu'il
y a pour un vrai patriote à baser sa politique chez le voisin sur les discordes des
partis. Que la France poursuive son idéal
républicain, que ses rapports avec les nations étrangères soient toujours conformes
à cet idéal, et elle ne froissera personne.
Les alliances de peuple à peuple sont ci-
mentées par des nécessités plus solides
et plus impérieuses que les affinités des
partis politiques ou que les finesses de la
diplomatie. Quand la Russie aura besoin

de la France pour assurer sa sécurité, et
c'est heureusement le cas, comme l'expose
si nettement M. Modestoff, que j'ai cité un
peu plus haut, tous les partis moscovites,
sans exception, ne trouveront que des
louanges à l'adresse de la nouvelle alliée,
sans s'inquiéter le moins du monde de la
forme de son gouvernement ni de la
nuance d'opinion plus ou moins vive de
ses ministres.

Rien de plus concluant à cet égard que
la situation de M. Floquet. Le bruit a
couru que la Russie ne verrait jamais d'un
œil favorable le président de la Chambre
devenir ministre. Cependant, avant même
que M. Grévy ait appelé M. Floquet à
l'Élysée, le *Novœ Vremia,* dont personne
n'ignore les attaches avec le monde officiel en Russie, a déclaré ouvertement, à
l'intention de M. Grévy, que personne en
Russie ne pense plus à la gaminerie de

l'ancien avocat qui est devenu un homme d'État distingué, et qu'on le trouverait bien placé à la tête d'un ministère dont Boulanger ferait partie. »

Les intérêts vitaux de la patrie doivent passer avant tout ; ils ont fait pardonner à Floquet son cri de « Vive la Pologne, Monsieur ! » et feront passer à la République des choses encore plus graves.

V

LE PARTI SLAVOPHILE

Les détracteurs de la France. — Von Vizine. — Chichkoff. — Glinka. — Aksakoff et Gambetta. — Katkoff. — Sa propagande en faveur de Bismarck. — M. de Cyon. — Revirement politique de Katkoff. — Katkoff réclame à la France des gages de son amitié.

Ce parti n'a jamais pu être un ami sincère de la France ; son origine et son programme politique le lui défendaient. Il peut arriver à certains moments, c'est le cas actuellement, que la politique russe, poursuivant l'idée d'un empire slave sous la suprématie du tzar, oblige la Russie à chercher dans la France une alliée contre leur ennemi commun ; mais jamais les slavophiles n'auront des sympathies ni pour l'esprit, ni pour le caractère français. C'est pourquoi tous les détracteurs que la France compte parmi les Russes appartiennent exclusivement à ce parti.

Les slavophiles, sans avoir jamais fait quoi que ce soit en faveur du peuple, se donnent pour les arbitres du goût et les défenseurs de la tradition nationale; ils se montrent toujours hostiles à tous les peuples qui cherchent à conquérir leur liberté.

Lorsque la Révolution française vint affranchir le paysan et lui donner la terre, les slavophiles furent glacés de terreur et dévorés de la crainte que le moujik pourrait s'inspirer de l'exemple du paysan français pour s'émanciper de la glèbe.

Ils résolurent de couper court à toute influence française en Russie et s'élevèrent contre l'étude du français, regardant

d'un mauvais œil les professeurs français
et les familles russes qui introduisaient
chez elles un gouverneur de cette nation.

Pour comprendre à quel point ces pré-
ventions gallophobes étaient funestes à la
Russie, il faut se rappeler toute l'insuf-
fisance de l'enseignement russe à cette
époque. Non seulement l'empire moscovite
était dépourvu de savants russes capables
d'occuper une chaire à l'université, mais
on n'aurait pas trouvé, en le cherchant
beaucoup, un homme qui pût enseigner
les plus simples notions d'arithmétique.

Il s'agissait pour les Russes ou de
croupir dans l'ignorance, ou de faire venir
leurs instituteurs des pays qui possédaient
l'instruction depuis des siècles.

L'étude de la langue française pouvait
pourtant s'allier au plus fervent patriotisme. Est-ce que leur amour pour la
France a empêché les Russes de chasser

Napoléon de Moscou ? Une connaissance approfondie du français a-t-elle empêché Pouchkine de devenir un des plus brillants poètes de la Russie et un maître dans sa propre langue ?

Enfin, tout dernièrement, nous avons vu que le séjour prolongé de Tourguéneff à Paris, tout en fournissant à Katkoff un prétexte pour le surnommer ironiquement « le boulevardier », ne l'a pas empêché d'élever la littérature russe à une hauteur qu'elle n'avait jamais atteinte !

Peu de Russes, d'ailleurs, partagent les sentiments des slavophiles à l'égard de la France.

« Mes compatriotes, écrivait un Russe en 1800, sont presque tous élevés par des Français, on leur inculque dès leur plus tendre enfance l'amour de la France. Ils apprennent à la connaître et ne la voient qu'en beau, telle qu'elle leur apparaît à cette distance... Ils honorent en elle la patrie du goût, de l'art, des plaisirs esthétiques et des hommes aimables ; ils l'aiment, cette France, parce qu'elle est l'asile de la liberté et de la raison, le foyer de ce feu sacré où ils allumeront un jour le flambeau qui doit éclairer leur sombre patrie ! »

Ce n'est point, nous le voyons par ces aveux, le dédain pour sa patrie qui porte le Russe à étudier les mœurs et les sciences des autres peuples, mais au contraire le désir d'emprunter à chaque nation ce qu'elle a de meilleur, pour en faire part à son pays. Sans doute, il s'est trouvé, dans le temps, bon nombre de gentilshommes russes qui se sont contentés de singer les émigrés et de suivre les mœurs des courtisans français ; mais la faute n'en est pas à la France, qui déjà élevait la voix par la bouche de Voltaire, Rousseau, Diderot, pour protester contre les anciens abus et les idées surannées.

Cette nouvelle France est précisément celle que les gallophobes russes ne peuvent pas souffrir, et ils lui trouvent tous les défauts, comme on peut s'en convaincre par cette lettre sur l'esprit français que Von-Vizine, un courtisan de Catherine II, adressait au comte Panine :

« Le Français manque de raison et se croirait l'homme le plus malheureux s'il en possédait, car la raison l'obligerait à penser quand il ne demande qu'à s'amuser ; mais pour s'amuser il faut de l'argent, et c'est à l'obtenir qu'il emploie tout l'esprit dont la nature l'a doué. L'esprit qui n'est pas réglé par la raison n'est susceptible que de futilités, et c'est dans les futilités que les Français excellent, au dire de tout le monde.

« La fourberie est pour eux le droit de

la raison. Leur esprit est ainsi fait que,
pour eux, tromper n'est pas une honte,
mais ne pas 'romper est bête... Je dirai
sans scrupule qu'un Français ne se par-
donnerait pas d'avoir perdu une bonne
occasion de tromper, même pour une vé-
tille...

« Son dieu, c'est l'argent. Il n'y a pas
de travail ni de vilenie qu'il ne com-
mette pour s'en procurer; mais il n'est
pas capable de grands forfaits. Le Français ne devient assassin que lorsqu'il y
est poussé par la faim; mais pour peu
qu'un Français ait de quoi manger, il
ne coupe pas la gorge et se contente de
tromper.

« La cupidité a pénétré dans toutes les
couches sociales, sans en excepter les phi-
losophes. Les d'Alembert, les Diderot,
sont en leur genre d'aussi grands char-
latans que ceux que j'ai vus sur les bou-

levards. Ils ont de commun qu'ils trompent tous pour de l'argent; et la différence entre le charlatan et le philosophe, c'est que ce dernier, outre la cupidité, possède une vanité sans bornes. »

Ces réflexions peu flatteuses ont été écrites en 1778, au moment même où l'esprit français, la philosophie et la science françaises allaient dominer le monde entier et convier toutes les nations à une vie nouvelle.

Plus tard Chichkoff, un des fondateurs du panslavisme, s'exprimait ainsi en parlant des Français : « Ils nous ont appris à mépriser les mœurs patriarcales de nos ancêtres et à tourner en dérision leurs habitudes et leurs occupations. Ils n'ont pas pu anéantir en nous notre courage, mais il ne nous défend pas de leur invasion; nous vainquons nos instituteurs à l'aide de nos armes, et ils nous subjuguent au moyen des comédies, de la poudre de riz et des peignes. »

Après Chichkoff, Glinka vint fonder *le Messager russe*, dans le but spécial d'inspirer à ses compatriotes la haine des Français.

Ces exemples, pris à diverses époques, établissent, je crois, d'une manière suffisante que le slavophile est gallophobe par instinct, et je passerai maintenant au représentant actuel de ce parti qui est le plus en vue dans ce moment, M. Katkoff; mais auparavant je dois dire quelques mots d'Aksakoff.

En théorie, Aksakoff professait que l'occident est pourri, qu'il se meurt, et que la France, qui renie Dieu et le roi, est le plus pourri de tous les États occidentaux. Mais comme, d'un autre côté, la politique slavophile commandait à la Russie une alliance qui lui permit d'accomplir sa mission en Bulgarie, et que cette alliance ne pouvait se conclure qu'avec la France impie. Aksakoff se voyait dans la pratique obligé de trouver des raisons pour justifier ce rapprochement.

Nous avons vu plus haut comment Aksakoff annonçait dans son journal *la Russie* que Gambetta déclarait lui-même que le parlementarisme est un signe de décadence, et que la nation ne peut être forte qu'avec un gouvernement autocratique.

« L'expérience a enseigné à Gambetta, écrivait Aksakoff, en 1883, que son rêve n'est pas réalisable sans un pouvoir fort, et que l'établissement de ce pouvoir est impossible avec le parlementarisme. Aussi tous les efforts de Gambetta tendent à mater le Parlement ; il projette une revision de la Constitution, un nouveau mode d'élection qui lui donnerait la possibilité d'obtenir une majorité docile qui obéisse sans la moindre hésitation. »

M. Katkoff, dont la presse française s'est occupée récemment, non sans cause, n'a pas toujours été un slavophile. Il débuta par une anglomanie à outrance; et plus tard les cruautés qu'il fit commettre contre les Polonais lui donneraient plutôt droit au nom de *slavophage* qu'à celui de *slavophile*. Après ces exploits il s'intitula conservateur tout court, et à cette heure il se donne pour un patriote russe !

C'est dans la revue qu'il dirige, le *Messager russe*, fondée autrefois, comme nous l'avons vu, par Glinka, dans le but de répandre la gallophobie en Russie, que M. de Cyon, le directeur actuel de la *Nouvelle Revue*, publia les lignes suivantes sur la France :

« Quelques centaines de vétérinaires,

de cabaretiers, d'anciens courtiers, d'avocats de troisième ordre, de militaires chassés du service, même d'anciens forçats, qui, actuellement, forment la majorité de la Chambre, ruinent systématiquement le pays à leur profit, à celui de leur parenté, de leurs agents électoraux et de leurs électeurs influents.

« Si l'un d'eux se permet de voler trop audacieusement et de façon à être cité devant les tribunaux, tant mieux pour lui; le plus souvent, ce fait suffit pour assurer sa réélection.

« Et maintenant, avec la liberté absolue de la presse, qu'est-il advenu des journaux français? Ils se sont métamorphosés en honteuses spéculations financières. Presque tous les journaux, à de rares exceptions près, appartiennent à des financiers véreux, qui exploitent leur entreprise, d'une part en publiant des ré-

clames de toute espèce, et d'autre part
en ayant recours au chantage. Quelques-
uns recourent aussi à une forme lucrative,
la pornographie. En réalité, les convic-
tions politiques et sociales sont reléguées
au dernier plan.

« Tous les jours nous voyons qu'un
journal change sa couleur politique, tout
en restant dans les mains du même propriétaire : tantôt il est monarchique, puis
républicain modéré ou bien radical. Mais
non seulement ces changements ont lieu
sous le même propriétaire, mais en gar-
dant les mêmes collaborateurs, qui, après
un de ces revirements politiques, conti-
nuent avec autant de zèle à injurier le
lendemain ce qu'ils adoraient la veille,
et *vice versa.* »

Jusqu'à ces derniers jours, le journal
de Katkoff s'était toujours montré contraire à une alliance avec la France, et

quand une autre feuille russe voulait prouver qu'elle était la seule alliée naturelle de la Russie, le *Journal de Moscou* déclarait que ces conseils venaient « de la bande polonaise ».

« Bismarck, écrivait alors ce journal, a toujours été plus russe que notre diplomatie, qui n'a jamais bien compris les intérêts russes.

« L'Allemagne ne peut s'empêcher d'être la meilleure et la plus fidèle amie de la Russie, tant qu'elle aura à sa tête un homme d'État qui comprend si bien tout le profit qu'il y a pour elle de nous avoir de son côté. »

Aujourd'hui, le *Journal de Moscou* déplore ses illusions de la veille ; il reconnaît que l'homme d'État qui se trouve à la tête de l'Allemagne est en effet le plus grand ennemi de la Russie ; quant à la France, elle a du bon, mais elle n'a pas encore prouvé à M. Katkoff qu'elle est disposée à faire des sacrifices pour gagner l'amitié de la Russie.

« Les Français, dit-il dans le *Journal de Moscou*, se demandent toujours avec anxiété si la Russie ne changera pas d'avis. Eh bien ! si les Français ont à cœur un rapprochement avec la Russie, ils devraient faire tous leurs efforts pour empêcher le chancelier, si fécond en ressources, de se frayer un chemin entre eux et la Russie. Les Français devraient se rapprocher de la Russie par un acte sérieux. En attendant, nous ne voyons pas qu'ils nous fassent des avances sérieuses. Il serait puéril de notre part de considérer que la France a fait quelque chose pour la Russie, parce que son consul a demandé qu'on améliore le sort des patriotes bulgares ! »

Quels sont les gages que Katkoff réclame de la France pour qu'elle mérite l'amitié de la Russie? Il ne le dit pas; mais on peut être certain qu'il ne se contentera pas de gages insignifiants.

Katkoff a l'habitude de vendre cher son amitié. Au début de sa carrière, il était un pauvre anglomane qui rêvait pour la Russie une constitution anglaise; il est devenu un patriote russe et possède aujourd'hui des centaines de mille roubles de rente.

VI

DOSTOÏEVSKI

Comment le plus slave de tous les romanciers russes a-t-il jugé la France ?

Comment cet esprit original d'une pénétration si singulière a-t-il envisagé le pays où sa gloire d'écrivain a reçu une suprême consécration ?

Si son opinion est intéressante à connaître à ce point de vue, elle le devient doublement lorsqu'on considère ce génie bizarre comme incarnant dans ses rêves l'idéal de toute une partie de la nation russe.

Dostoïevski représente ce groupe de penseurs qui accuse les panslavistes de vouloir ramener la Russie à l'ignorance et au despotisme du moyen âge, et qui refuse également de se rallier au parti libéral et de trouver avec lui que l'Europe actuelle suit la meilleure des voies dans le meilleur des mondes.

Le point de vue de Dostoïevski est celui du rêveur slave qui ne veut s'enchaîner à aucun parti, ni subir aucun programme ; il veut être seul et poursuivre sans guide un idéal qu'il cherchera d'un bout de la terre à l'autre, sans jamais pouvoir le réaliser nulle part.

Il expose lui-même cet idéal un peu vague dans son roman de *Podrostok* (l'Enfant), par la bouche de Versiloff, personnage dans lequel nous reconnaissons l'âme complexe et tourmentée de l'auteur de *Crime et châtiment*.

« Il s'est formé chez nous, en Russie, un type d'hommes qu'on ne retrouve en aucun autre pays — le type des hommes qui souffrent pour tout le genre humain. C'est le type russe par excellence, et comme il se recrute parmi les classes élevées de la nation, j'ai l'honneur d'appartenir à ce type. C'est lui qui contient en germe l'avenir de la Russie. Nous ne sommes que mille, peut-être plus, peut-être moins ; mais toutes les générations qui se sont succédé jusqu'à ce jour ont servi à élaborer ce millier d'hommes.

« Il se passera encore bien du temps avant que notre idée soit comprise en Europe... L'Europe a déjà donné de nobles types du Français, de l'Anglais, de l'Allemand, mais quel sera le type de l'avenir ? Elle ne s'en préoccupe pas encore... Re-

marque, mon cher ami, qu'un Français
peut travailler pour l'humanité, mais à la
condition de rester toujours Français ; il
en est de même de l'Anglais et de l'Allemand. Le Russe seul possède la faculté
d'être d'autant plus Russe qu'il est plus
Européen...

« Je n'oublierai jamais les premières
impressions qui m'ont assailli lorsque j'ai
mis le pied sur le sol étranger. J'avais été
déjà plusieurs fois en Europe, jamais je
n'avais ressenti ce sentiment de tristesse indicible qui m'accabla dans mon
dernier voyage ; c'était en 1871. Le glas
funèbre sonnait dans toute l'Europe... Oui,
ils venaient d'incendier les Tuileries. Oh !
je sais que « c'était logique », je comprends trop bien la tendance impérieuse
de l'idée moderne pour m'en étonner ;
mais comme représentant de l'idée civili-
satrice russe, je ne pouvais l'admettre,

car l'idée russe est celle de la conciliation des idées... Malheureusement, en ces
jours-là, personne ne m'aurait écouté, si
j'étais venu parler de conciliation et de
paix. Il n'était plus question que de guerre
et de logique. Là le Français n'était que
Français, l'Allemand n'était qu'Allemand,
et cela avec une rigueur plus implacable
qu'à aucune autre période de l'histoire...
On peut dire qu'à cette époque il n'y avait
pas d'Européens en Europe. Moi seul,
j'avais le droit de dire à tous les pétro-
leurs que l'incendie des Tuileries était
une faute; et moi seul j'avais le droit
de déclarer à tous les conservateurs, au
jour des représailles, que l'incendie des
Tuileries est un crime sans doute, mais
un crime logique... Et sais-tu pourquoi
j'avais le droit de parler ainsi? Parce
que, en ma qualité de Russe, j'étais le seul
Européen dans toute l'Europe. »

Les regards de Dostoïevski sont toujours tournés vers cet idéal nuageux ; chaque fois qu'il lui semble que la France s'en rapproche, il s'exalte, il la glorifie dans des termes débordants d'enthousiasme ; jamais un Français n'a pu célébrer sa patrie avec plus d'élan ; mais aussi, dès que la France s'écarte de l'idéal rêvé par Dostoïevski, sa fureur ne connaît plus de bornes, il s'emporte en récriminations amères, ses critiques deviennent acerbes, il éclate en reproches, il lui dit des duretés ; on dirait un amant déçu dans son amour, qui accable d'injures une maîtresse trop aimée.

Nous reproduirons quelques-unes de ces appréciations excessives, éloquentes à force de sincérité, et où se révèle l'âme généreuse et aimante de Dostoïevski.

En 1873, la Ligue de la Paix offrit à Paris un banquet en l'honneur de sir

Henry Richard; le baronnet, dans un toast porté à la nation française, déclara qu'aucun autre peuple ne peut disputer à la France son influence dans le monde, et qu'une idée ne peut percer et faire son chemin que sous son patronage. Lamartine n'a-t-il pas dit éloquemment avant lui : « Lorsque Dieu veut répandre une idée dans le monde, il la fait naître dans le cœur d'un Français. »

Qui se serait attendu à voir l'auteur de *Crime et Châtiment* se rencontrer avec le poète des *Harmonies !*

Ce point de vue est pourtant entièrement partagé par Dostoïevski, qui s'écrie, après avoir cité les paroles de sir Henry Richard :

« Dans cette déclaration, chaque mot est une vérité. Je suis tout à fait de l'avis de ce professeur russe, dont les Français n'ont sans doute jamais entendu parler, et qui, en plein règne de Nicolas Ier, disait aux étudiants russes, du haut de sa chaire : « Les Français sont par excellence une nation de génie — une de ces nations qui règnent sur l'humanité par leur influence, et le rôle que la France remplit en Europe peut se comparer à celui que jouait Athènes dans le monde antique. »

Ensuite, après une succincte analyse de la mission qu'accomplit la France dans l'histoire de l'Europe, Dostoïevski caractérise en ces termes la Révolution française :

« A la fin du dix-huitième siècle, après avoir rompu par un acte conscient avec l'idée catholique usée, la France, la France intellectuelle, la France du progrès, se proclame, dans un élan d'enthousiasme, la réformatrice de l'humanité par de nouveaux principes, leur premier apôtre et leur sauvegarde.

7.

« Tous, tous, vous viendrez à moi ! »
crie-t-elle dans son extase sibylline. C'est
la première fois dans la vie de l'humanité
que le principe de la justice est proclamé
avec un tel élan révolutionnaire. Mais en
prenant sur elle pour le bien de l'humanité cette mission à laquelle elle ne pouvait se soustraire, lors même qu'elle l'eût
souhaité, la grande nation a entrepris
une œuvre au-dessus de ses forces ; le
guide de l'humanité, après ses derniers
revers, a dû reconnaître par la bouche de
ses hommes les plus éminents que la
grande source de sa vie est tarie. »

Dostoïevski déplore par-dessus tout que
la nation géniale soit divisée en partis qui
semblent ignorer la grande mission qui
incombe à la France dans la vie de l'humanité.

« Toutes ces périodes, dit-il, du premier Empire, de la Restauration, du règne

bourgeois des d'Orléans, du second Empire, ont été plutôt un mirage qu'une réalité. Tous ces phénomènes auraient pu ne pas se produire, pas un n'était nécessaire, et la grande nation aurait très bien pu s'en passer. L'âme de la France, qui a toujours soif de grandeur et de noblesse, n'a rien gagné à cette fantasmagorie éphémère.

« Enfin, la dernière catastrophe de cette terrible guerre, non moins illusoire et que rien ne nécessitait, mais dont l'issue tragique a dû, ce me semble, dissiper le mirage, ouvrir tous les yeux, cette catastrophe devrait dire à tout Français : « Regarde comme tu étais pauvre, aveugle, nu et insignifiant dans ton existence de fantasmagorie et de mirage... et cependant cette fantasmagorie, ce mirage a duré un siècle ! »

Après un moment de doute, Dostoïevski

reprend confiance dans les destinées de la France, il a la conviction qu'elle accomplira la haute mission dont elle s'est chargée il y a un siècle, et il termine ses réflexions par ces paroles consolantes :

« La grande nation est-elle appelée à survivre à son génie, qu'écrase le fardeau qu'elle a pris volontairement sur ses épaules, il y a cent ans, ou verrons-nous ce génie sortir triomphant de l'épreuve ? Telle est la question ! Restera-t-il debout après avoir subi tant de tortures, ou l'heure de la ruine complète va-t-elle sonner pour lui, et verrons-nous un autre peuple hériter de la mission de la France et marcher à la tête de l'humanité.

« Oh ! cette question fatale de la vie ou de la mort de la France, de la résurrection ou de l'anéantissement de son grand génie, si sympathique à l'humanité, est, il me semble, une question de vie ou de mort pour toute l'humanité européenne, quoi que les Allemands puissent penser à ce sujet.

« L'Europe peut-elle exister sans la France ?

« Assurément, je laisserai cette question sans réponse; mais, en ma qualité de chroniqueur du présent, je ne peux m'empêcher de remarquer qu'il y a beaucoup de phénomènes et d'indices qui attestent que la nation géniale veut vivre, elle le veut de toutes ses forces, et il est permis de présumer que dans un avenir pas trop lointain l'Europe verra beaucoup de choses nouvelles... »

Le procès de Bazaine a soulevé l'indignation de Dostoïevski, et il l'exhale en jetant à la nation qu'il porte souvent aux nues un paquet d'invectives amères. La France lui pardonnera ces duretés parce qu'il l'a sincèrement aimée; il y a des larmes dans la voix courroucée de ce Slave dont le cœur saigne de tous les malheurs qui atteignent le peuple français.

« Sans doute, s'écrie Dostoïevski, il n'y a pas moyen de justifier un traitre ; mais ceux qui ont jugé ce traitre avaient-ils le droit de le mettre en accusation ? Ces juges ne sont-ils pas responsables, eux aussi, de cette plaie qui ronge l'organisme de la grande nation, de cette calamité qui plane sur elle comme une sinistre nuée ? Comprennent-ils maintenant le sens de cette calamité et sont-ils capables de le comprendre ? Et Bazaine ne rappelle-t-il pas beaucoup ce bouc émissaire des anciens temps, qui devait porter les péchés de tout un peuple ?...

La plaie qui dévore la France, aux yeux de Dostoïevski, c'est la division des partis. Selon lui, dans la guerre nous n'avons pas vu des Français aux prises avec des Prussiens, mais des partis se disputant entre eux.

« Partout, s'écrie-t-il, des partis, et rien que des hommes de parti !... Ah ! on nous dit que les princes d'Orléans se sont battus dans les rangs de l'armée de la défense nationale, mais est-ce pour la patrie qu'ils se sont battus ? Il est évident que c'est dans un tout autre but qu'ils ont pris les armes. En voyant le rôle qu'ils jouent actuellement en France, leurs complots en faveur « d'un roi légitime », il est permis d'en conclure que lors de la guerre ils ne se sont réveillés que parce qu'ils ont vu pour leur parti une chance de triomphe. Et ils n'ont pas été déçus dans leur espoir ; aux premières élections de la France terrifiée, ils se sont faufilés dans l'Assemblée nationale et y ont formé une majorité oligarchique. »

Dostoïevski n'est pas moins sévère pour les autres partis, il n'est guère plus tendre pour Gambetta : « Cet homme intelligent et énergique, qui a travaillé en effet pour la France et néanmoins ne cesse de crier : la République avant la France ! »

Ensuite Dostoïevski fouaille la foule des indifférents, « qui soupirent après une dictature qui assurera leur vie et leurs biens !… Ceux-ci ont pour devise : chacun pour soi et Dieu pour tous… Et suivant cette maxime, chaque homme constitue à lui seul son propre parti… Que peut signifier pour un homme semblable le mot de patrie !… »

« Oui, voilà la plaie de la France : l'absence d'une idée commune… Et en raison de cette lacune, il est impossible de juger en France une trahison, parce qu'on n'y trouvera pas de juges.

« Tout en condamnant Bazaine, les

Français comprendront-ils quelle est la véritable cause de leurs malheurs ? »

Dostoïevski est venu à Paris en 1862. C'était quelques années après son retour du bagne où l'avait jeté son amour de la liberté. C'est pour avoir rêvé l'idéal qu'ont caressé les héros français de la Révolution que Dostoïevski s'était affilié au groupe de Petrachevski.

On comprend l'émotion qu'il a dû ressentir en mettant les pieds sur le sol de la France ; il allait enfin voir par ses propres yeux comment ce peuple vénéré avait réalisé chez lui les grands principes : liberté, égalité, fraternité !

Il avait à peine touché la frontière, que déjà les mouchards de Napoléon III s'attachaient à ses pas : quand il descendit à l'hôtel, à Paris, il subit tout un interrogatoire qui eut le don de l'exaspérer.

Plus il pénètre dans la vie de la nation,

plus il s'étonne douloureusement en voyant de quelle servilité les hommes et surtout la presse font preuve devant le « parjure de décembre ».

Déçu et désespéré, il se demande qui a pu livrer ainsi la France à ce régime plus despotique que celui des tzars ?

« C'est le bourgeois, répond Dostoïevski, pour assurer sa propre existence et sa propriété. » Et il tombe sur le bourgeois, lui trouvant tous les vices, l'accusant de tous les crimes, l'affublant de tous les ridicules.

Il se moque de « l'épouse » du bourgeois, de sa pruderie affectée, de ses adultères grotesques ou maladroits. Il tourne en dérision l'obligation où se croit le bourgeois d'aller une fois par an contempler la mer.

Il rit des goûts de M. Prud'homme en littérature, et surtout de son theâtre, où il ne veut que des héros vertueux qui hurlent : « L'épée de nos aïeux... » ou : « La croix achetée de mon sang... » et il lui arrive souvent d'oublier que le bourgeois n'est pas toute la France, et d'englober la nation entière dans son dédain pour les travers d'une seule classe et les fautes d'un régime.

Ce qui désole Dostoïevski, c'est de penser que la France, qui répand dans le monde entier sa politique, ses mœurs, son état social, va propager partout l'idéal bourgeois.

« Sans doute, s'écrie-t-il pourtant, il ne faut pas tout voir en sombre, il y a des points lumineux dans la société française, puis la France n'est pas seule à offrir ce spectacle... Seulement elle contient la source de cette forme sociale qui règne sur le monde entier par l'éternelle imitation de la nation éternellement grande. »

D'ailleurs il a suffi que la France redevienne démocratique, qu'elle ait repris sa marche ascendante vers l'idéal des sociétés modernes, pour lui ramener les sympathies enthousiastes de Dostoïevski.

L'idée de la revanche, qui est parvenue à rallier tous les partis qui divisent la nation, est selon lui cette idée commune qui doit apporter le salut de la France.

« J'ai déjà constaté, s'écrie-t-il, que la nation géniale veut vivre, elle le veut de toutes ses forces, en dépit de tout. Je ne veux pas examiner, en ce moment, si ce pas en avant que vient d'accomplir la France est celui qui sied le mieux à une grande nation? Ce mot de revanche, qui vient de retentir d'un bout de la France à l'autre, est-il beau en lui-même? »

Cette « vie pour la revanche » que la nation géniale vient d'embrasser avec tant d'unité et un tel esprit de sacrifice, dans le but unique de se venger d'un ennemi insolent, cette vie est-elle aussi une illusion ?

« Sans vouloir répondre à ces questions, je ne peux m'empêcher de remarquer combien il est heureux que dans ce pays, si profondément divisé au point de vue moral, où le sentiment général était celui de la conservation individuelle et où la devise « chacun pour soi » était la règle, il a surgi tout à coup une idée qui a concilié les éléments les plus disparates et a obtenu le consentement tacite de tous les partis, de toutes les intelligences et de toutes les classes de la société.

« Non, la source de la vie ne tarit pas si vite dans une nation qui a pour elle le génie ! »

VII

LE COMTE LÉON TOLSTOÏ

Anglais et Français à table. — Les écoles de Marseille.
— L'ouvrier français. — Comment le peuple français
s'instruit.

L'auteur d'*Anna Karénine* est, comme
Dostoïevski, un de ces esprits indépen-
dants qui ne se laissent inféoder à aucun
parti. Il est d'ailleurs avant tout artiste et
philosophe, scrutateur passionné de l'âme
et de la pensée humaine. Il est donc inu-
tile de recueillir dans ses œuvres des
appréciations isolées sur quelques faits
politiques.

C'est l'homme en soi qui attire ce profond esprit, car, comme il se plaît à le constater : « Les hommes sont tous pétris de la même pâte, avec cette seule différence que les uns ont le ventre plus rebondi que les autres. » Il ne s'arrête pas à l'analyse subtile des traits qui distinguent les diverses nationalités, ces différences lui paraissent superficielles ; il est frappé, au contraire, de l'analogie qui existe entre tous les membres de la famille humaine. « Un Chinois vertueux, un Grec, un Romain vertueux ou un vertueux Français de notre temps sont tous également vertueux ou également éloignés de la vertu. »

Cependant, malgré ces déclarations, il n'est pas difficile de s'apercevoir que ce profond observateur de l'homme a, lui aussi, des préférences marquées pour certaines nations.

Il suffit, pour s'en convaincre, de parcourir les Mémoires du prince Nekliou-

DOFF, où Tolstoï semble avoir recueilli ses propres impressions.

Son héros se trouve à Lucerne, au Schweizerhoff, à table d'hôte. La plupart des convives sont Anglais, et, ce qui caractérise cette table, c'est la stricte observation des convenances mondaines et un manque absolu de sociabilité. Cette froideur tient beaucoup moins à une fierté déplacée qu'au plaisir qu'éprouvent les personnes ainsi réunies à pouvoir satisfaire leur appétit confortablement, sans que rien vienne les distraire de ce soin. À de rares intervalles seulement, une jeune miss échange avec sa mère une réflexion sur la saveur d'un mets ou sur la vue du Righi...

Ce repas silencieux et gourmé rappelle au prince ses joyeux dîners de Paris.

« Comment ne pas songer à notre pension à Paris, où, sous l'influence de la

sociabilité française, nous allions à table
d'hôte comme à une fête. A peine étions-
nous assis que d'un bout de la table à
l'autre s'établissait une conversation vive
et gaie, émaillée de plaisanteries et de
calembourgs, dans une langue souvent
écorchée par les étrangers, mais où tout
le monde disait son mot. Chacun, sans se
préoccuper de ce qui pourrait en adve-
nir, répétait tout ce qui lui passait par la
tête ; nous avions notre philosophe, notre
mauvaise tête, notre bel esprit et notre
plastron. A peine le dîner fini, nous pous-
sions la table de côté et, sans grand souci
de la mesure, dansions la polka sur le
tapis plein de poussière. Peut-être n'étions-
nous ni aussi sages ni aussi respectables
que ces lords du Righi : mais si nous
étions un peu légers, au moins nous res-
tions tous des hommes sous nos nationalités diverses... Tous ces étrangers ras-

semblés dans cette pension parisienne :
la comtesse espagnole aux aventures
romanesques, l'abbé italien qui nous dé-
clamait tous les jours au dessert des vers
de la *Divine Comédie*, le médecin amé-
ricain qui avait ses entrées aux Tuileries,
le jeune auteur dramatique aux longs
cheveux, la pianiste qui disait avoir
composé la plus belle polka du monde,
la belle veuve éplorée qui portait trois
bagues à chaque doigt, tous, nous nous
regardions comme des êtres humains ;
c'est pourquoi nous avons emporté souvent de ces rencontres fortuites des souvenirs sérieux... A cette table d'hôte
peuplée d'Anglais, en voyant toutes ces
dentelles, ces rubans, ces bagues, ces
cheveux pommadés, ces robes de soie, je
ne peux m'empêcher de penser que ces
parures pourraient faire le bonheur de
tant de femmes au cœur tendre et à l'es-

prit vif, et combien d'heureux elles feraient
à leur tour. »

Tandis que Dostoïevski, pendant son
séjour en France, ne voit dans la société
française que le bourgeois, Tolstoï est
avant tout curieux de connaître le peuple,
et, pour l'étudier de plus près, il visite les
écoles où il se forme.

Il a publié sur les écoles primaires en
France quelques pages qui ne sont pas
dépourvues d'intérêt, car il relève quelques lacunes dans l'enseignement élé-
mentaire de cette époque, il rend hom-
mage à l'intelligence et au bon sens de
l'ouvrier français et ajoute quelques re-
marques très curieuses sur sa manière de
s'instruire lui-même.

Pendant un séjour d'un mois qu'il fit à
Marseille, il visita presque toutes les
écoles primaires de cette ville et n'en rap-
porta pas une impression très favorable.

Il reproche au programme de charger la mémoire des enfants sans donner à l'ouvrier les notions dont il aurait le plus besoin. Ainsi, bien que la tenue des livres fasse partie du programme, pas un élève n'a su résoudre logiquement un problème d'additions ou de soustractions, et cependant ces mêmes enfants faisaient des opérations merveilleuses au moyen de chiffres abstraits, en multipliant avec une rapidité étonnante des milliers et des millions.

Les écoliers répètent leurs leçons d'histoire avec éloquence et émotion, mais Tolstoï ayant pris un élève à part pour lui poser quelques questions, celui-ci répondit qu'Henri IV a été tué par Jules César. Le romancier russe observe la même inégalité dans l'étude de la géographie. Il remarque aussi que les élèves ne savent pas lire d'une manière agréable, et même que les petites filles ne lisent couramment

que dans les manuels qu'elles ont déjà
étudiés en classe.

« Après avoir visité les écoles laïques,
j'ai assisté, raconte Tolstoï, aux leçons de
catéchisme, qui se donnent dans les
églises : j'ai vu les salles d'asile, où des
enfants de quatre ans, sur un coup de
sifflet, exécutent comme des soldats des
évolutions autour des bancs, puis, sur un
autre commandement, se lavent les mains
et, d'une voix tremblante et étrange,
chantent des hymnes à Dieu et à leurs
bienfaiteurs, et je dois avouer que j'emporte la conviction que les écoles de Marseille laissent beaucoup à désirer...

« Quelqu'un, dit-il, qui, par miracle,
serait tombé au milieu de ces écoles sans
avoir vu le peuple français dans la rue et
à l'atelier, dans la vie de tous les jours,
aurait reçu l'impression qu'il est ignorant, grossier, imbu de superstitions et

presque sauvage. Mais il suffit d'adresser la parole à un homme des classes laborieuses en France, pour se persuader, au contraire, qu'il mérite la bonne opinion qu'il a de lui-même, et qu'il est en réalité un peuple intelligent, très sociable, libre penseur et vraiment civilisé.

« Prenez au hasard dans une ville de France un ouvrier de trente ans, il écrira une lettre beaucoup mieux qu'il ne le faisait lorsqu'il a quitté l'école; il n'est pas rare qu'il se fasse une idée très juste de la politique, ce qui prouve qu'il comprend fort bien l'histoire et la géographie modernes; il possède des notions de sciences naturelles et, dans les dessins qu'il exécute, sait souvent utiliser des formules mathématiques.

« Où a-t-il acquis tout ce savoir?

« J'ai trouvé la réponse à cette question lorsque, après avoir fait le tour des écoles, j'ai commencé à errer dans les rues et à parcourir les guinguettes, les cafés-chantants, les musées, les ports, les ateliers, les bibliothèques. Là, j'ai retrouvé ce même enfant qui m'avait répondu que Henri IV avait été tué par Jules César, il pourra lire là *les Trois Mousquetaires* et *Monte-Cristo*. J'ai trouvé à Marseille vingt-huit journaux et romans illustrés, à cinq ou à dix centimes la livraison. On en vend à Marseille jusqu'à trente-mille exemplaires par an, et tout le monde les lit.

« En outre, il y a les musées, les bibliothèques publiques, les théâtres, les cafés, où l'on donne des comédies, des scènes, et où l'on dit des vers... Ainsi, un cinquième au moins de la population française s'instruit quotidiennement à la manière des anciens Grecs et Romains, qui faisaient leur éducation dans leurs amphithéâtres.

« Cette éducation de la rue est-elle bonne ou mauvaise, c'est une autre question ; mais il est certain que le savoir inconscient est beaucoup plus efficace que la science obligatoire, car l'instruction du peuple se fait en dehors des écoles.

« Là où la vie fourmille de leçons intelligentes, comme à Paris et dans les grands centres, le peuple est développé, et là où la vie ne fournit pas ces exemples, à la campagne, dans les villages, le peuple reste ignorant, quoique l'école soit la même à la ville et au village. »

Après avoir donné ces appréciations de Tolstoï qui ne manquent pas d'originalité, faut-il rappeler les pages éclatantes qu'il a consacrées à Napoléon Ier et à l'armée française dans son roman *la Guerre et la paix ?* Tout le monde les a présentes à l'esprit, et à ceux qui ne les connaîtraient pas, je dirais : « Ne vous contentez pas de

quelques fragments, lisez l'œuvre dans
son entier. »

L'auteur d'*Anna Karénine* a toujours
désiré entrer en communication avec le
public parisien; nous voyons dans la correspondance de Tourguéneff combien
son ami souhaitait de voir ses romans traduits en français. Aucun motif de vanité
littéraire n'entrait dans cette ambition,
mais le désir ardent de propager ses idées.
Tolstoï savait qu'une fois publiée en français son œuvre deviendrait le patrimoine
du monde entier, et c'est ce qu'il voulait.

Il n'a pas été déçu dans ses espérances;
se trouve-il actuellement en France, parmi
ceux qui lisent, quelqu'un qui n'ait pas
encore fait la connaissance du grand romancier russe ?

VIII

LES RÉVOLUTIONNAIRES RUSSES.

Tchernichevski. — Hertzen. — La beauté française. —
Les journées de juin. — La France sous Napo-
léon III. — M. Pierre Lavroff, ses jugements sur
Victor Hugo et Sainte-Beuve. — Les expulsions.

« Plus de frontières ! plus de nations !
Tous les hommes sont frères ! » Telle est
la devise bien connue des révolutionnaires ;
mais, en attendant que leur rêve se réalise.
ils ne peuvent s'empêcher de ressentir
des sympathies plus ou moins vives pour
certaines nations.

« Vous pouvez ne pas aimer les Français, écrivait Tchernychevski, mais vous

devez reconnaître que la France est le pays le plus avancé du continent européen, et que toutes les autres nations doivent la prendre pour modèle. Le malheur est que les élèves ne savent pas bien distinguer ce qu'il y a de bon et ce qu'il y a de mauvais chez les Français ! »

Alexandre Hertzen, dès son arrivée à Paris, subit le charme de la vie française : mais dans les jugements qu'il porte sur la France il se place toujours à un point de vue révolutionnaire.

Voici, par exemple, son opinion sur la beauté française : nous empruntons ce passage aux *Lettres de France et d'Italie*, traduites par Mme N. H. : « Mais quelle est donc cette beauté exclusivement française ? Il est très facile de s'en rendre compte : elle consiste dans une réunion extrêmement gracieuse de traits expressifs, légers, spirituels avec du sentiment, de la vie, de la franchise, expression qui pour moi est plus attrayante que la seule beauté plastique, que les formes antiques des Italiennes et que les autres genres de beauté... »

« La beauté française est extraordinairement humaine, sociale..., une telle beauté s'épure pendant des siècles, s'élabore par l'organisation de l'état, par les mœurs, se développe par le milieu, par l'activité du cerveau, une telle beauté est le fruit de la civilisation et du caractère national.

« Parfois on rencontre ce genre de beauté parmi les familles de l'aristocratie russe ou polonaise, et selon moi c'est un grand signe en faveur du sang slave. »

Les journées de juin inspirèrent à Hertzen les lignes suivantes : « Le nom de Paris s'unit aux meilleures aspirations de l'homme moderne ; j'y suis entré avec

un battement de cœur, une sorte de crainte,
comme on entrait jadis à Jérusalem ou à
Rome. Et que trouvai-je? Le Paris décrit
dans les iambes de Barbier, dans les romans d'Eugène Sue, et rien de plus...
J'étais surpris, affligé, effrayé, parce
qu'après il ne restait plus qu'à s'embar-
quer pour le Havre et à voguer vers New-
York...

... « Non, dignes bourgeois, ne parlez
pas de la République rouge et de la soif
du sang : quand elle versait le sang, elle
croyait à l'impossibilité d'agir autrement,
elle se vouait à ce sort tragique et abattait
les têtes avec une conscience pure, mais
vous vous vengez lâchement, sans courir
de danger.

« La terreur de 1793 fut grandiose dans
sa rigueur implacable et sombre. Toute
l'Europe se rua sur la France pour châtier
la Révolution; la patrie était réellement en

danger. La Convention voila pour un moment la statue de la liberté et mit la guillotine comme gardienne des droits de l'homme... La Terreur sauva la France et vainquit l'Europe... Quand ce temps fut écoulé, ceux qui s'étaient voués au rôle terrible de juges posèrent à leur tour la tête sur le billot; ils subirent la loi du talion; leurs têtes innocentes tombèrent, et la hache apaisée se rouilla. »

Après le coup d'État de décembre, quand tout le monde conspuait la France et disait qu'elle n'était bonne qu'à se livrer aux tyrans, Hertzen s'écria :

« Malheur à celui qui maintenant jetterait une parole froide à la France, le temps des reproches et du blâme est passé pour elle; c'est le passé qui commence pour elle, Paris restera dans la mémoire des siècles la Jérusalem de la révolution. La religion de l'avenir est née au milieu

de torrents de sang français, dans la tête
des penseurs français, au milieu des souffrances du prolétaire français.

« Qu'aucun peuple ne se permette de
se réjouir de la chute de la France! Qu'ils
s'inclinent devant son malheur, les yeux
baissés. Ce n'est pas ainsi qu'ils tombe-
ront; qu'ils en soient certains. La mé-
diocrité a bien des avantages, mais elle
commande la modestie: si la France a
commis des erreurs, elle en a été aussi
bien punie... »

Les révolutionnaires russes partagent
encore aujourd'hui les sentiments de
Hertzen pour la France, et nous retrou-
vons les mêmes sympathies dans les écrits
de M. Pierre Lavroff, sympathies qui lui
sont communes avec tout le parti de la
Volonté du Peuple. Les remarquables
études que M. Pierre Lavroff a consa-
crée à *d'Alembert, aux Femmes Fran-*

çaises *du dix-huitième siècle* et son *Histoire de la Commune* abondent en observations fines et neuves. Comme il m'est impossible de tout citer, je me bornerai à détacher les appréciations que M. Pierre Lavroff a données sur Victor Hugo et sur Sainte-Beuve dans deux articles qui ne sont point signés, il est vrai, mais dont il ne reniera pas la paternité :

« Hugo travaillait sans relâche... Il cherchait toujours une issue... il jeta ses *Châtiments* comme une expiation de son ancien enthousiasme pour la légende napoléonienne, il donna dans *les Misérables* des commentaires originaux sur le paupérisme au moment où cette question primait toutes les autres en Europe ; il devenait dans *l'Année terrible* le poète de cette époque à laquelle personne ne pouvait toucher sans douleur... Cette sensibilité qui le portait à s'emparer aussitôt de toutes les questions du jour le maintenait à la tête des poètes français, et ramenait toujours à lui l'attention des générations nouvelles... Il a fait dans ce sens tout ce qu'il a pu, et personne ne peut lui demander davantage!... »

Il n'est pas moins intéressant de voir comment M. Pierre Lavroff appréciera l'auteur des *Causeries du Lundi*.

« Sainte-Beuve, dit-il, avait un talent exceptionnel, et il occupe une place à part dans l'histoire de la critique ; mais comme homme et comme écrivain il est le miroir réflecteur de son époque, ce qui explique à la fois ses capacités intellectuelles et tous les défauts de son caractère, tous les mauvais côtés de sa personnalité.

« En l'examinant en regard de son époque, nous ne distinguons pas deux Sainte-Beuve, dont l'un, l'écrivain, mérite toute notre estime, et l'autre, l'homme

privé ne peut être qu'un objet de mépris... Non, nous ne connaissons qu'un
Sainte-Beuve, le fils de son temps, d'une
époque pleine d'hypocrisie dans tout ce
qu'elle a inscrit sur son drapeau, et sincère uniquement dans son analyse et son
scepticisme, époque qui détruisait bruta-
lement toutes les illusions, tous les rêves;
époque qui, dans sa soif de jouissance,
n'ayant aucun idéal, devait se rabattre
sur la sensualité la plus grossière ou les
spéculations de la Bourse...

« Sainte-Beuve était un renégat de tous
les partis et de toutes les affections, et
non par trahison, mais parce qu'il ne pouvait s'attacher sincèrement à personne. Il
ne pouvait que faire des expériences sur
chaque parti, chaque individualité, tout
en coquettant avec eux.... »

Le jugement des révolutionnaires russes
sur la littérature française se rapproche

beaucoup de celui des libéraux russes,
que nous avons déjà donné plus haut, et
n'est pas moins sympathique à la France.
Au reste, la ligne de démarcation entre
nihilistes et libéraux n'est pas toujours
facile à tracer, c'est ainsi qu'une mesure
qui a soulevé beaucoup de récriminations dans les rangs des révolutionnaires
slaves a été appréciée ironiquement par
M. Tchédrine, qui appartient pourtant au
parti libéral. Dans son *Voyage satirique
en Europe*, il fait dire à un pauvre russe
qui voit partout des espions :

— « Ici? à Paris? oublier le gen-
darme?... Mais savez-vous ce que c'est
qu'*ici*?... ici?... Vous n'avez qu'à dire
un mot : « Cet homme est un nihiliste, »
par exemple, et tout de suite on mettra
des menottes aux poignets de ce nihiliste,
et paff... à la gare de l'Est sur *Deutsch
Avricourt*... voilà comment cela se passe

ici ? A *Deutsch Avricourt* on change de menottes, on change de voiture, et de nouveau pst... à Verjbolovo !... Voilà ce que c'est qu'*ici !* Seulement cette manière de faire voyager les Russes ne s'appelle pas l'extradition, mais l'expulsion, mesure nécessaire au salut de la République une et indivisible !... »

IX

LE MOUJIK

Il ignore la France. — Une leçon d'histoire. — Les guerres contre les Français ont profité à la Russie. — Les proverbes du moujik sur les Français et les Allemands.

Et lui! l'enfant de la terre russe, que pense-t-il du peuple français?

Mais comment le faire parler, ce sphinx aux millions de têtes? Comment deviner ce qui couve dans le cœur de l'homme du steppe, vaste, profond, complexe comme la nature même, comme elle plein de contradictions? Sait-il que tout là-bas après « trois fois neuf pays, dans le trois fois dixième royaume », comme il dit lui-même dans ses contes, vit un peuple dont les intérêts politiques se rencontrent avec ceux de son propre pays ?

Il serait plus que présomptueux d'affirmer qu'il en soupçonne quelque chose... Le journal est encore inconnu dans le village russe, et les écoles primaires commencent à peine.

Les notions du moujik en géographie se bornent à savoir qu'il existe en ce monde des Allemands, des Français et des Anglais. Mais je doute fort qu'il sache que la France est une république.

Des officiers russes m'ont assuré que, dans la dernière campagne, la plupart de leurs soldats ignoraient que les Bulgares qu'ils allaient délivrer du joug turc sont des Slaves et professent la religion chrétienne.

Malgré son ignorance profonde, le moujik est prompt à l'enthousiasme, et une fois monté il se conduit en héros.

Pour montrer comme il est facile à émouvoir, je ne peux mieux faire que de céder la parole au comte Léon Tolstoï.

Il raconte comment il donna une leçon d'histoire à des enfants de moujiks; ce récit, mieux que tout ce que je pourrais dire, fera voir de quels sentiments l'âme primitive du Slave est susceptible :

« Je commençai au règne d'Alexandre Ier et je décrivis la Révolution française, puis les menées de Napoléon; je dis comment il s'empara du pouvoir, et le suivis dans ses campagnes jusqu'à la paix de Tilsitt. Tant que je ne parlai que de pays étrangers, mes élèves restèrent indifférents; mais je n'eus pas plus tôt abordé la Russie, que j'entendis de tous côtés des exclamations pleines d'intérêt :

— Comment, il espérait prendre quelque chose chez nous !... Alexandre saura bien le mater !

Je dus souffler sur leur enthousiasme. Lorsque mes petits moujiks apprirent qu'on avait un moment pensé donner pour femme à Napoléon la sœur du tzar, ils s'indignèrent à l'idée qu'Alexandre daignât traiter le conquérant en égal.

« Ils approuvèrent à l'unanimité la guerre que le tzar déclara à Napoléon. La retraite de notre armée causa une vive anxiété dans mon auditoire; de tous côtés on demandait des explications, on m'accab'ait de pourquoi, on invectivait à qui mieux mieux nos généraux Kotousoff et Barclay.

« Quand j'arrivai à la bataille de Borodino, et que je dus avouer que nous n'avions pas vaincu, j'eus pitié de ces pauvres enfants, je voyais que je leur portais un coup terrible.

« L'incendie de Moscou reçut l'approbation générale.

« Enfin ce fut le moment du triomphe : la retraite de Napoléon.

« Lorsque l'ennemi sortit de Moscou, dis-je. Kotousoff se lança à sa poursuite et le battit...

— Il lui a cassé les reins ! s'écria Fedka, qui était assis en face de moi, tout rouge, et qui, d'émotion, tordait ses doigts effilés.

« A peine eut-il prononcé ces mots, que toute la salle s'exclama dans un transport d'orgueil.

« Je continuai à décrire la poursuite des Français... Mes élèves eurent un peu de compassion pour les malheureux qui tombaient gelés dans la neige.

« Ensuite je racontai que les Allemands, qui avaient été contre nous jusque-là, firent volte-face et se joignirent à nous. À ces mots, mes élèves apostrophèrent un Allemand que j'avais amené avec moi pour assister à la leçon :

— Ah ! vous êtes comme ça, vous autres... vous marchez contre nous, et quand vous vous sentez battus, vous marchez avec nous !...

« Et tous, comme un seul homme, se levèrent et se mirent à pousser des ouf ! ouf ! contre l'Allemand ahuri. »

Cette scène résume parfaitement l'attitude du moujik au milieu des différends politiques. Tant qu'on n'en est qu'aux discussions, il reste indifférent ; mais du moment que l'ennemi met le pied sur le sol russe, il devient invincible ; son enthousiasme ne connait plus de bornes, il « cassera les reins de l'ennemi » ; mais après la victoire le moujik aura pitié de son adversaire malheureux, il se souviendra que lui aussi a une patrie, qu'il pos-

sède aussi là-bas, tout là-bas, des terres
à labourer, du bétail à soigner, tout un
train de campagne qui tombera en ruine,
privé du bras du paysan ; il entrera dans
la situation de l'ennemi et le traitera en
frère.

Par contre, il sera sans pitié pour les
faux frères, pour ceux qui savent toujours se tenir du côté du manche.

Deux fois les Français ont envahi le
territoire russe, mais les deux fois la
guerre n'a profité qu'à la Russie ; après
chaque invasion elle se relevait plus puissante, et avançait dans la voie de la
liberté.

Pouchkine a célébré la mort de Napoléon dans une poésie qui se termine par
cette apostrophe patriotique :

« Honte au Russe qui dans ce jour
viendra offenser son ombre découronnée
par des reproches insensés ! Gloire à

lui!... Il a révélé au peuple russe une destinée grandiose! »

La chute de Sébastopol fut le coup de mort sous lequel succomba le régime de Nicolas et qui hâta l'avénement du règne réparateur d'Alexandre.

C'est à cause du résultat heureux pour lui de ces deux guerres, si sanglantes cependant, que le moujik ne garda point de rancune aux soldats français.

Nous ne trouvons en russe que deux proverbes populaires qui ont perpétué le souvenir de la campagne de 1812 :

« *Pour aller contre les Français, les fourches sont aussi une arme.* »

C'est une allusion à cette lutte patriotique où les moujiks et leurs femmes marchaient à la rencontre de l'armée de Napoléon, armés de leurs fourches.

Un autre dicton : *Gelé comme un Français*, rappelle les souffrances des malheureux soldats étrangers égarés dans la neige.

Cette expression : « *Le Français à courte queue* » (*Frantzouz Kourgouz*), évoque le souvenir des queues d'hirondelles de l'ancien uniforme français. Le moujik dit encore : « *Le Français est comme le vent, il change trop vite.* »

Enfin : *C'est un vrai Français !* se dit d'un homme qui aime beaucoup à parler et qui a la tête un peu légère.

« *Le Français est courageux, mais le Russe est tenace*, est une remarque profonde qui caractérise bien les deux peuples.

Tel est le résumé des impressions que le Français a produites sur le moujik, et qu'il se transmet de génération en génération.

On voit qu'il n'y a point d'amertume dans ces réflexions, rien de malveillant.

pas ombre de rancune. Il n'en est pas de même dans les sentences que le paysan russe a prononcées sur les Allemands, et dans lesquelles il a su concentrer sa haine et son mépris, en protestant énergiquement contre une nation qu'il n'aime pas.

Je cueille au hasard quelques-uns de ces proverbes qui concernent les Allemands, car ils sont beaucoup plus nombreux que les dictons consacrés aux Français :

« *L'Allemand s'est engraissé du pain russe.* »

« *L'Allemand possède un instrument pour toutes choses.* »

« *L'Allemand ne se laissera pas choir d'un banc sans ruser.* »

« *L'Allemand est rusé, il a inventé le singe.* »

« *C'est un véritable Allemand* » désigne un homme pédant et grotesque.

« *L'Allemand est une saucisse.* »

« *Ce qui est bon pour le Russe est la mort de l'Allemand.* »

« *Si l'Allemand avait par devant ce que le Russe a par derrière, il serait impossible de traiter avec lui.* »

Et comme le dernier mot de la sagesse du moujik :

« *L'Allemand est un brave homme, le mieux tout de même est de le pendre.* »

Ce n'est pas ici la place de me demander pourquoi la nation française et la nation allemande se sont reflétées si différemment dans les proverbes du moujik ; j'ai simplement voulu démontrer que si le paysan russe avait conservé quelque rancune contre ses anciens adversaires, il aurait su l'exprimer avec autant d'énergie que sa haine contre une autre nation.

X

LES TZARS

Les souverains jugent les nations
d'après leurs rois. Un monarque aura
toujours plus de sympathie pour les nations qui se laissent gouverner despoti-
quement, que pour les peuples qui ont la
prétention de se gouverner eux-mêmes.

Nicolas Ier aime la France de Charles X

et a en horreur celle de Louis-Philippe ;
longtemps avant les journées de Juillet, il
pressent l'assaut que la « nation turbu-
lente » va livrer au pouvoir absolu, et il
en est aussi préoccupé que s'il était
menacé lui-même sur son trône.

Dans une conversation qu'il tint à cette
époque avec le baron Paul de Bourgoing,
on voit qu'il n'a qu'un souci : le sort de
la royauté en Europe ; quant au bonheur
de la France, il n'y songe même pas.

« Espérons qu'au moins l'élément monarchique sera sauvé ! » m'a-t-il répété à
plusieurs reprises, raconte M. Paul de
Bourgoing dans ses *Souvenirs d'histoire
contemporaine*.

Puis, quand Charles X est obligé de se
sauver, et que toute la France, dans
l'ivresse du triomphe, après les sublimes
journées de juillet, songe à en perpétuer
le souvenir dans ce monument impéris-

sable de la colonne de la Bastille, le tzar de son côté pousse un cri d'admiration :

— « Oh ! vos braves grenadiers de la Garde Royale, je voudrais élever une statue d'or à chacun d'eux ! »

On sait que de peine eut Louis-Philippe à se faire reconnaître par Nicolas comme « roi des Français », et surtout à l'amener à lui dire « mon cher frère ». Ce ne fut que lorsque le roi-bourgeois se fut humilié devant le tzar et lui eut assuré qu'il n'avait accepté la couronne que pour sauver la France de la République, que Nicolas consentit à nouer des relations avec la monarchie de juillet.

Il n'en conserva pas moins durant tout son règne le plus profond mépris pour la nation française.

Quand le baron Paul de Bourgoing voulut l'entretenir de sa politique en l'o-

logne, il l'interrompit d'un air hautain,
en disant :

— J'écouterai volontiers ce que me
dira un ami, mais je n'entendrai rien de
la bouche d'un ministre de France.

Le mépris de Nicolas pour l'esprit
français a surtout éclaté dans sa conduite
à l'égard de la célèbre statue de Voltaire
de Houdon. On se rappelle qu'au moment
où la Comédie française faisait acquisition
de la statue de Voltaire pour son foyer,
Catherine II acheta au sculpteur une
statue du grand homme exécutée sur le
même modèle.

Jusqu'à l'avénement de Nicolas, cette
statue fut l'ornement du musée de l'Ermitage à Saint-Pétersbourg. Quelques jours
après la révolte de décembre, Nicolas
entra à l'Ermitage ; ses yeux rencon-
trèrent le sourire narquois du philosophe
de Ferney ; ce sourire semblait lui dire :

— Tu as beau pendre tes sujets, je triompherai un jour ! »

— *Oubrat !* (qu'on le cache !) cria l'empereur, dans son langage aussi bref qu'impérieux.

La statue de Voltaire exilée du musée fut reléguée dans un coin obscur du Jardin d'Été, où Nicolas ne venait que rarement. Pendant vingt ans elle passa inaperçue dans un oubli complet, mais goûtant au moins la tranquillité et ayant tout le loisir de méditer sur les choses étranges qui se passaient autour d'elle. Mais, lorsque survint la nouvelle de la révolution de 1848, Nicolas, furieux, en proie à une agitation qu'il ne pouvait calmer, se mit à errer dans ses jardins, qu'il parcourait en tous sens ; il se trouva de nouveau face à face avec le philosophe, qui l'accueillit par le même sourire irrévérencieux ; seulement il semblait dire cette fois :

— Eh bien ! quoi ? ça marche en France !

— *Ounitchtogit !* (qu'on l'anéantisse !), fut la réponse de Nicolas.

Heureusement pour les intérêts de l'art, l'ordre du tzar ne fut pas exécuté à la lettre. La statue de Voltaire fut vendue aux enchères par le directeur de l'Ermitage, et acquise par le comte André Chouvaloff, pour le prix de quinze roubles. Plus tard, le duc de Morny en offrit au comte Chouvaloff 50,000 roubles ; mais celui-ci estimait trop sa statue pour s'en défaire à aucun prix, et grâce à lui Voltaire est resté en Russie, au moins en effigie.

Si le mouvement de 1848 avait consterné le tzar Nicolas, le coup de décembre devait presque le réconcilier avec le nom abhorré de Bonaparte.

« La France a donné l'exemple du mal,

elle donnera celui du bien ! » dit-il à la nouvelle des massacres ordonnés par Louis-Napoléon.

Malgré ces titres à la faveur de Nicolas, Louis-Napoléon n'était pas empereur par la grâce de Dieu, sa couronne portait la tache indélébile du suffrage universel, et malgré sa reconnaissance pour les services rendus à la réaction par le nouveau souverain, le tzar ne pouvait s'empêcher de trouver qu'il sapait le droit monarchique ; aussi ses relations avec l'empereur des Français furent toujours empreintes de froideur.

On appelle souvent la désastreuse campagne de 1870, la guerre de l'impératrice, mais on ignore généralement qu'elle revendique, avec non moins de raison, la guerre de Crimée.

Nous lisons dans le journal du comte Kisselef, publié à Saint-Pétersbourg en

1882, à la date du 13 mai 1857, ces lignes :

« ... L'Impératrice Eugénie, après une longue conversation avec le grand-duc, se tourna vers moi, et avec un gracieux sourire me dit :

— Laissez-nous reprendre aujourd'hui notre conversation politique, interrompue hier par l'Empereur. Je voulais vous entretenir de la lettre que l'Empereur a reçue de l'empereur Nicolas, et qu'il m'a lue à haute voix. Ensuite il l'a mise dans sa poche en disant : « *Elle est froide !* » Quand il sortit, je restai sous une impression pénible. L'Empereur rentra peu après, et je lui dis : « La lettre de l'empereur Nicolas est plus que froide, elle est *sévère.* » A ces mots l'Impératrice s'inclina à mon oreille et me dit : « J'avais employé une autre expression, » « cette lettre est *grossière* », ai-je dit ... « En quoi ? » me demanda l'Empereur. « Lisez-la encore une fois, et vous vous en convaincrez vous-même. » Il relut la lettre et fut frappé par la justesse de ma remarque. « C'est vrai, dit-il, je m'en occuperai. » La guerre de Crimée était décidée.

— Ainsi c'est vous, Majesté, qui êtes cause de la mort de deux cent mille hommes et de la perte de sept à huit milliards de francs ! lui dis-je.

— Oui, répondit-elle : indirectement, et je ne m'en repens pas... Des perturbations semblables sont nécessaires dans la vie des peuples... La France devait conquérir la place à laquelle elle a droit.

Oh ! misères de l'histoire ! Nicolas, pour venger l'accroc fait au principe monarchique, écrit à Napoléon une lettre un peu froide ; une Espagnole insinue perfidement qu'elle est grossière, et s'en sert pour brouiller deux nations qui devraient toujours être amies. Ces deux peuples, au lieu de s'unir contre l'ennemi commun, le laissent grandir en paix pendant qu'ils s'égorgent ; et lorsqu'en 1870 la France sollicita l'appui de son alliée naturelle, le fils de Nicolas répondit qu'il n'avait pas oublié la guerre de Crimée.

Les sympathies d'Alexandre II pour la France dépendaient aussi de la manière dont la France traiterait le principe monarchique. Le bonheur de la France, ses rêves de liberté ou même de gloire nationale, étaient indifférents au souverain ; il n'avait qu'une préoccupation, extirper de la France le principe républicain.

Il questionne sans cesse son ambassadeur, le comte Kisseleff, sur l'état des esprits en France, et celui-ci lui répond invariablement :

« Les Français sont trop inflammables ; pour peu qu'on les taquine au dehors, il s'attacheront plus fortement à leur empereur.

« Louis Napoléon est un chef de police qu'il est utile de conserver pour conjurer des troubles, qui seraient inévitables s'il venait à disparaître... Mais il faut le lier par des traités qui mettent un frein à son amour pour les aventures dangereuses. » (*Le Comte Kisselef et son temps*. Saint-Pétersbourg, 1882, page 151.)

Alexandre II répondait qu'il partageait tout à fait les vues de son ambassadeur.

Il n'est pas possible pour le moment de se rendre compte de la manière dont le tzar Alexandre II appréciait les différentes manifestations de l'esprit français dans l'art, les lettres et les sciences. Les documents où ses jugements ont été recueillis ne seront livrés que plus tard à la publicité. Il faut se contenter pour l'heure des critiques littéraires que nous rencontrons dans le journal du comte Kisseleff, un des hommes d'État russes dont les idées étaient le plus conformes à celles du feu tzar.

Or, voici comment Kisseleff apprécie la *Vie de Jésus* de M. Renan.

« Ce livre est un vilain service rendu à l'humanité, — et il est étrange que les gouvernements tâchent d'un côté de propager le christianisme et, en même temps, tolèrent les destructeurs de cette religion... Les juifs font la majorité dans la presse : ils sont attirés par la facilité du travail et le gros gain ; les plus intelligents parmi eux écrivent, et les prolétaires travaillent à la propagande. Est-il étonnant après cela que l'incrédulité ait fait du progrès dans la population. »

Dépassé, M. Drumont ! Longtemps avant lui l'ambassadeur du tzar a su découvrir dans l'œuvre de M. Renan l'influence des juifs !

Le rôle que joua Alexandre II en 1870 est peu glorieux. A son propre péril, il laisse, avec une joie marquée, la Prusse s'agrandir, pourvu que la France soit amoindrie. Était-ce une revanche de Sébastopol? ou bien cette attitude était-elle nécessaire pour rompre le traité de Paris? Mais, à ce moment, la France n'aurait-elle pas consenti à déchirer ce traité? Est-ce que, pour obtenir le secours de la Russie, elle n'aurait pas de bon cœur remboursé au tzar tous les frais du rétablissement de la flotte de la mer Noire?... Cela lui aurait toujours coûté moins que la rançon de cinq milliards, outre l'Alsace et la Lorraine.

Il courait à Saint-Pétersbourg une anecdote qu'on répétait un peu partout. La tzarine actuelle, blessée d'entendre l'éternel refrain à l'honneur des victoires alle-

mandes, qui lui rappelaient trop vivement
l'humiliation de sa propre patrie, avait
déclaré que, dans son palais, la langue
tudesque ne serait pas tolérée, et que
quiconque prononcerait un mot d'allemand
aurait à payer une amende de cent roubles au profit des blessés français.

Un soir, on prenait le thé au palais
d'Anitchkoff, lorsque Alexandre II entra
tout rayonnant de joie et s'écria :

— *Wilhelm, der glückliche Kerl, noch
eine Schlacht gewonnen...* (Oh! Guil-
laume, l'heureux diable !... encore une
bataille de gagnée.)

— En tout cas, répondit la tzarevna, les
blessés français y gagneront cent roubles
de votre main.

Alexandre II fut contraint de s'exécuter.

Il est fort possible que cette anecdote
ait été inventée par les cadets ou les étudiants, qui se la racontaient ; elle montre

en tout cas de quel côté étaient les sympathies de la jeunesse russe.

Alexandre III ne permettra pas à la Prusse de s'agrandir. Il comprend mieux que son père de quel côté est le danger qui menace l'intégrité de son territoire ; il se rend très bien compte que s'il laisse aujourd'hui affaiblir la France, demain l'avant-garde de Moltke fera son entrée dans les provinces baltiques.

XI

LES GRANDS ÉCRIVAINS FRANÇAIS JUGÉS PAR LES GRANDS ÉCRIVAINS RUSSES.

Enthousiasme de Soumarokoff. — La tragédie classique et Karamzine. — Influence de Molière. — Le *Cromwell* de Hugo jugé par Pouchkine. — Le romantisme français et Biélinski. — Victor Hugo et Tourguéneff. — Lamartine et la critique russe. — George Sand jugée par Biélinski. — L'auteur de *la Petite Fadette* jugée par l'auteur de *Crime et Châtiment*. — Balzac jugé par Biéliski, Tourguéneff et Dostoievski. — La popularité de MM. Zola et Daudet. — Jugements sur MM. Guy de Maupassant, Georges Ohnet, Delpit et Theuriet. — Le *Crocodile* de Sardou et *Hamlet* à la Comédie française. — *Francillon* et la *Comtesse Sarah*. — Discussion au théâtre entre Tourguéneff et Flaubert.

La littérature française fit son entrée en Russie sous le règne d'Élisabeth Pe-
trowna ; mais ce ne fut que vers la fin du

siècle dernier que la société russe commença à l'apprécier avec discernement.

Elle avait fait preuve jusque-là d'un engouement aveugle, sans que personne se montrât capable de motiver son admiration et de dire en quoi consistait le mérite de cette littérature. On se contentait de la copier servilement.

Ainsi nous voyons Soumarokoff, qui était lui-même auteur dramatique et s'intitulait volontiers « le Racine russe », ne trouver, pour rendre l'enthousiasme qu'excitait en lui la tragédie de *Mérope*, que ces phrases embarrassées : « Ce sont les Muses qui l'ont écrite... Je sens ce dont cette tragédie est digne, mais je ne trouve pas de paroles pour l'exprimer... Tout est beau dans cette tragédie ! Le premier acte est excellent ; ... le second encore plus excellent ; ... le troisième admirable ; ... le quatrième plus admirable

encore, et toute la tragédie admirable !...
Il me semble qu'*Alzire*, *Cinna* et *Atha-
lie* doivent céder le pas à *Mérope* et à
Phèdre : ces deux tragédies seront l'honneur éternel de leurs auteurs et de Melpomène, la gloire éternelle de la France, de
l'Europe et de tout le genre humain ! »

Karamzine, le premier, soumit la tragédie classique à une analyse vraiment
littéraire ; son opinion est encore partagée
par la critique russe.

Dans une de ses lettres, datée de Paris
en 1790, au retour d'une représentation
donnée à la Comédie française, il résume
ses impressions en ces termes :

« La Melpomène française est noble,
majestueuse, belle, mais jamais elle ne
me touche si vivement, ne m'ébranle avec
autant de force que la muse de Shakspeare
et de quelques tragiques allemands, il est
vrai en petit nombre. Les poètes français

ont un goût fin, délicat, et peuvent servir de modèles dans l'art d'écrire ; mais en fait d'imagination, de profondeur de senti- ment, — oh ! pardonnez-moi, ombres sa- crées de Corneille, de Racine et de Vol- taire, — ils doivent céder la première place aux Anglais et aux Allemands... Les tragé- dies françaises sont remplies de tableaux artistiques dans lesquels les couleurs har- monisent et les ombres sont admirable- ment graduées, mais ils laissent mon cœur froid.

« Partout un mélange de naturel et de romanesque, partout : « Mes feux ! Ma foi ! » Partout des Grecs et des Romains à la française qui fondent dans des transports d'amour et quelquefois se prennent à phi- losopher, retournent leurs idées en termes choisis et, se perdant en un labyrinthe d'é- loquence, oublient qu'ils sont là pour agir.

« Le public parisien veut à tout prix de

beaux vers, *des vers à retenir ;* ce sont
ces vers qui font le succès de la pièce, et
les auteurs leur sacrifient les situations
naturelles, oubliant que c'est par les situations que les caractères se développent,
et que c'est ce qui donne de la vigueur
aux vers.

« En un mot, les œuvres de la Melpomène française sont grandes et le seront
toujours par la beauté du style et par
l'éclat des vers ; mais si le propre de la
tragédie est d'attendrir notre cœur ou de
terrifier notre âme, les compatriotes de
Voltaire n'ont peut-être pas même deux
véritables tragédies, et d'Alembert était
dans le vrai, en disant que toutes les pièces
françaises sont faites plutôt pour être lues
que pour être jouées.

« Mais si ces pièces sont jouées, il faut
alors pour elles des acteurs comme Larive
et ses collègues de la maison de Molière.

« Quelle diction ! quel jeu ! quel air noble, quelle majesté dans la démarche, quelle pureté dans la prononciation ; chaque intention du poète est mise en relief ; chaque pensée est exprimée avec le ton qui lui convient, et le geste est en harmonie ; tout est artistique, tout fait tableau, et si, malgré tout l'art de l'exécution, le spectateur reste froid, la faute n'en est certainement pas aux interprètes... »

Ce jugement porté par Karamzine sur la tragédie classique française semble devoir être définitif ; les Russes de notre temps n'y ont jusqu'ici rien trouvé à reprendre. Aujourd'hui, les principaux théâtres de Saint-Pétersbourg et de la province donnent souvent des pièces de Shakspeare ; mais on ne voit jamais figurer sur l'affiche une tragédie empruntée aux classiques français.

En revanche, le génie si gaulois de

Molière a exercé une immense influence sur les esprits et les lettres en Russie. J'ai déjà dit, en parlant des origines du parti libéral russe, comment l'élite de la nation a puisé à cette époque dans le théâtre de Molière une morale saine et vigoureuse, et sous l'égide d'Alceste a protesté contre les abus de la société.

Plus tard, *le Misanthrope* a inspiré à Gribojedof sa comédie immortelle de *Gore ot ouma* (*le Malheur d'avoir trop d'esprit*). Enfin, Pouchkine lui-même, en donnant à son tour *le Festin de Pierre*, a emprunté au *Don Juan* de Molière une scène entière.

Il est vrai que Biélinski, tout en considérant Molière comme le génie français par excellence, le plaçait au-dessous de Shakspeare, comme étant moins universel, moins humain. Le public russe est revenu actuellement sur cette appréciation et ne l'a pas ratifiée; Molière occupe en ce moment une place aussi importante sur la scène russe que son rival anglais. Les premiers acteurs de la Russie trouvent autant de satisfaction et d'honneur à représenter *Tartufe* ou *l'École des Femmes*, qu'à interpréter *Hamlet* ou *Macbeth*.

Si le classicisme français a joui d'une grande faveur en Russie, il n'en a pas été de même de l'école romantique.

Le romantisme y est venu directement de l'Allemagne, et n'y a jamais poussé des racines bien profondes.

Pouchkine et Gogol n'ont pas tardé à lui substituer ce réalisme qui devait doter la Russie de cette brillante floraison littéraire qui fait aujourd'hui l'admiration de l'Europe.

On comprendra aisément que le romantisme français, encore plus échevelé que le romantisme allemand, ne pouvait pas trouver en Russie de nombreux partisans.

Pouchkine, tout en analysant la traduction de Milton par Chateaubriand, est conduit à parler du *Cromwell* de Victor Hugo et s'exprime en ces termes :

« Non, monsieur Hugo, vous n'avez pas compris Milton, l'ami et le compagnon d'armes de Cromwell, le fanatique austère, le grave créateur de l'*Iconoclaste* et du *Defensio populi*. Non, il n'a jamais parlé à Cromwell dans le langage que vous lui prêtez : ce n'est pas ainsi qu'il aurait traité celui à qui il a dédié son prophétique sonnet : *Cromwell our chief...*

« Non, celui qui, *dans les mauvais jours, victime des mauvaises langues*, a su, au milieu de la pauvreté, de la persécution, et plongé dans les ténèbres de la cécité, conserver son âme honnête et pure et dicter le *Paradis perdu*, cet homme n'a jamais été un objet de risée pour Rochester, ce courtisan dépravé, ni une cible pour les fous du roi.

« Si M. Hugo, qui est lui-même poëte, a si mal compris le poëte Milton, on peut aisément se figurer ce que Cromwell est devenu sous sa plume! »

Biélinski, sans approuver le romantisme en France, a pourtant reconnu la place légitime qu'il occupe dans les lettres françaises et su démêler la véritable cause de son influence sur la littérature universelle.

« Pour les Français, dit-il, la science et l'art sont un moyen de faire progresser la société, de délivrer l'individu des liens de la tradition qui pèsent sur lui et de mettre en relief les rapports sociaux du présent et non les rapports éternels de l'humanité. Telle est la cause de l'immense influence que la poésie française exerce sur tous les peuples civilisés...

« Qu'est-ce que représente *le Dernier Jour d'un Condamné à mort?* Que veut dire *l'Ane mort et la Femme guillotinée?* Que signifient les inepties sanglantes d'Alexandre Dumas? — Une protestation de l'individu contre la société, un appel à la société en faveur du bonheur individuel.

« Quel est le sens d' *Notre-Dame de Paris* et de tous les drames de Victor Hugo? — L'envie de prouver que même les natures les plus perverses ont encore de bons côtés, que le monstre de laideur physique, Quasimodo, est susceptible d'éprouver l'amour le plus tendre pour l'innocente Esmeralda; que la courtisane Marion Delorme peut être régénérée par le sentiment de l'amour, se relever et reconquérir sa dignité de femme.

« Si toutes ces œuvres sont pleines d'une émotion sincère, écrites dans une

forme entrainante et populaire, pénétrées
d'une sympathie ardente pour l'humanité, elles abondent aussi en inepties, en
phrases à effet, en oripeaux de rhéto-
rique.

« Malgré ces imperfections, l'individu
déchu se voit relevé dans ces œuvres, et
c'est là le secret de leur succès littéraire.
C'est pourquoi ces productions éphémères
obtiennent et obtiendront toujours plus
de succès que les œuvres des plus grands
artistes.

« ... Les critiques qui les attaquent
se trompent en refusant du talent aux
artistes qui les ont produites et qui atti-
rent sur eux l'attention du monde entier ;
c'est qu'il ne faut pas ne voir en elles que
des œuvres d'art ; elles promettent autre
chose et tiennent parole. »

Telle était l'opinion de Biélinski en
1840, quand Victor Hugo rencontrait en-

core tant d'adversaires dans sa propre
patrie. Mais lorsqu'il eut triomphé en
France de tous ses ennemis et atteint
l'apogée de sa gloire, il n'arriva pas à
subjuguer complétement le public russe.
Les plus grands écrivains de ce pays,
tout en élevant Hugo très haut comme
penseur, comme homme politique et comme
voyant, ont toujours refusé de saluer en
lui un grand artiste et, faut-il le dire, un
grand poète !

C'est ainsi que, dans une lettre datée
de 1872, Tourguéneff écrivait à son ami
Polonski : « J'aurais aimé pouvoir te
signaler quelque chose de remarquable
dans la littérature anglaise ou française,
mais c'est impossible... Les nouveaux
poètes anglais — tous ces Rossetti sont
trop affectés... Un seul d'entre eux,
Swinburne, a du talent. Il imite Victor
Hugo, mais il a de la vraie passion et le

véritable élan, tandis que chez Hugo souvent c'est voulu. »

On aurait tort de se formaliser en France en voyant un côté du génie de Victor Hugo méconnu par le critique russe. Il est très rare qu'un poète éminemment national soit apprécié à sa juste valeur à l'étranger ; il en est de la poésie comme de la flore d'une contrée ; elle tient à la nature même du sol, et les plantes les plus délicates, les arbustes aux fruits les plus savoureux, souvent ne supportent pas d'être transplantés.

Le style ne se traduit pas, et l'étranger qui possède le mieux une langue ne la sent pas comme ceux qui l'ont vécue avant de l'avoir apprise, comme on respire avant de connaître les lois de la physiologie.

Si les critiques russes ne savent pas gré à Victor Hugo d'avoir enrichi le français de tours, d'images, d'expres-

sions, de mots dont la période classique
l'avait injustement dépouillé, il y a encore
en Russie des dilettanti qui sont capables d'apprécier cette versification savante,
souple, ferme et sonore, qui a opéré une
révolution dans la poétique française. Victor Hugo n'a-t-il pas, comme Ronsard,
avec un souffle plus humain, plus puissant, et une langue plus parfaite, groupé
autour de lui toute une pléiade qui n'a
pas encore chanté son dernier vers !

Lamartine a eu encore moins de succès
que Victor Hugo dans le public lettré en
Russie, mais pour de tout autres motifs.
Cette poésie, qui coule comme un fleuve
d'harmonie entre des rives lointaines aux
contours nuageux, est empreinte d'un
sentiment religieux trop prononcé pour
captiver l'esprit russe, toujours lancé à la
poursuite d'un idéal positif, et qui, comme
l'a très justement remarqué Tourguéneff,

est par sa nature même réfractaire à toute croyance.

On parle beaucoup en France du mysticisme slave; c'est une impression on ne peut plus erronée. Le Russe, sans doute, est idéaliste, mais son idéal est toujours parfaitement défini ; il rêve souvent l'impossible, mais son rêve lui apparait sous une forme concrète, avec des contours nets et précis. Il peut vouloir l'absurde, mais il sait toujours ce qu'il veut.

Il y a eu pourtant un génie qui a recueilli en Russie des suffrages unanimes et en qui s'est incarné aux yeux des Russes l'âme même de la France... ce rôle unique était réservé au talent expansif et sympathique d'une femme, à George Sand.

Biélinski et toute sa génération ont professé un véritable culte pour l'auteur d'*Indiana*. Je citerai cette page enthousiaste

écrite en 1841 par le critique sur la traduction russe de *Mauprat* :

« Le récit de George Sand est la sim-
plicité même, la beauté même, la vie
même ; c'est l'esprit, c'est la poésie. Combien d'idées profondes et pratiques sur
l'individu ; combien de révélations de
cette noblesse et de cette beauté que
renferme l'âme d'une femme ! Quel souffle
d'humanité dans chaque ligne, dans
chaque mot qu'écrit cette femme de génie ! Ce n'est pas l'œuvre de M. de Balzac
devant laquelle se prosternent nos slavophiles, les ennemis de l'Occident...

« George Sand ne montre ni sympathie
ni antipathie aux classes privilégiées ; elle
n'a, non plus, ni adoration, ni mépris
pour la populace ; elle ne connaît ni les
aristocrates, ni les plébéiens. Elle ne connaît que l'être humain, et elle trouve cet
être dans toutes les classes de la société ;

elle l'aime, elle sympathise, elle rit et elle pleure avec lui...

« Mais c'est surtout la femme, et sa situation dans la société, si peu conforme à la raison, fondée sur des préjugés et sur l'égoïsme des hommes; c'est cette femme surtout qui alimente la poésie de George Sand et qui relève jusqu'au pathétique l'énergie de son indignation contre le mensonge légitimé par la force.

« George Sand est l'avocat de la femme, comme Schiller était l'avocat de l'homme.

« Faut-il s'étonner après cela qu'on accuse cet écrivain d'immoralité? Quiconque révèle aux hommes des vérités nouvelles n'aura pas une mort paisible; mais, quand les hommes l'auront conduit prématurément à la tombe, alors ils lui élèveront un monument précieux, et ils appelleront profanateur celui qui osera porter la main sur l'idole conspuée la veille. »

« George Sand, écrivait-il encore dans un article consacré au roman en général, — et dans lequel il tape fort sur Dumas, Eugène Sue et Paul Féval, — George Sand est sans doute le premier poète et le premier romancier de nos jours. On peut avec plus de raison appeler ses œuvres des *Romans sociaux*, que celles de Walter Scott des *Romans historiques*. Il ne faut pas beaucoup de perspicacité pour découvrir, dans tout roman portant l'empreinte d'un génie artistique, un caractère social. Voyez les romans de Dickens, ou les *Ames mortes* de Gogol. »

Telle est l'appréciation du critique russe ; il sera intéressant de placer en regard celle d'un romancier déjà bien connu en France, de Dostoïevski.

L'auteur de *la Petite Fadette*, jugé par l'auteur de *Crime et Châtiment !* le maître des suaves idylles apprécié par le sombre et cruel psychologue ! Quoi de plus opposé que leur manière de comprendre la vie et de la peindre ? Malgré cette différence radicale de tempérament artistique, peu de nos romanciers contemporains ont voué à George Sand un culte plus convaincu que Dostoïevski.

Tourguéneff, qui, selon selon ses propres paroles, « avait eu l'extrême bonheur » de connaître personnellement la châtelaine de Nohant, en dépit de la profonde admiration qu'il professait pour elle comme femme, trouvait sa manière d'écrire tant soit peu surannée. Pour lui, qui demandait avant tout au roman la clarté et la vérité frémissante de vie, les héros de George Sand étaient d'admirables mannequins, mais des mannequins quand même, sous leurs splendides draperies.

Dostoïevski, au contraire, dans l'article

nécrologique qu'il a consacré à l'auteur de *la Mare au Diable*, ne trouve qu'un reproche à lui adresser :

« Elle était un peu trop encline à faire entrer en ligne de compte l'aristocratie de sa naissance... Elle ne pouvait aimer que ce qui est grand et ne pouvait prendre son parti de ce qui est petit et mesquin ; elle ne voulait rien rabattre de son idéal, et, en ce sens, elle était un peu trop orgueilleuse... Elle n'aimait pas non plus évoquer dans ses romans des personnages humiliés, justes, mais contraints de courber la tête, des personnages malades et détraqués comme on en trouve dans presque chaque roman du grand romancier chrétien. Dickens ; au contraire, elle posait ses héroïnes orgueilleuses, comme de véritables reines. Elle aimait cette fierté, et c'est un des traits les plus caractéristiques de sa manière que je tiens à noter. »

Il est naturel que l'auteur de *l'Idiot*, des *Possédés*, d'*Humiliés et Offensés*, ait été frappé de la vigueur et de la force qui coulent dans les veines des héros de George Sand; le contraste avec les créations de Dostoïevski était trop frappant pour lui échapper. A part cette restriction, le romancier russe n'exprime qu'une admiration sans bornes pour le poète qui, selon son expression, « lui a donné toute une série d'années de bonheur et de plaisir. »

C'est pourquoi les pages consacrées par Dostoïevski à George Sand sont du plus haut intérêt, car elles nous révèlent à quel point ce peintre des détraqués était assoiffé d'idéal et plein de nobles aspirations. Nous lui laissons la parole :

« J'étais encore très jeune lorsque George Sand débuta dans les lettres; il y a de cela bien longtemps, et je m'en félicite, car maintenant, à trente années de distance, je peux parler à cœur ouvert de cet événement littéraire.

« En ce temps-là le roman était la seule lecture permise en Russie. Toute autre œuvre émanant de la France était proscrite comme une peste. Vous rappelez-vous la chanson populaire qui courait alors sur l'*Homme suspect :*

> Il sait par cœur
> Les ouvrages de Thiers et de Rabot,
> Et comme un vrai Mirabeau
> Il glorifie la liberté !

« Eh bien ! si l'*Histoire de la Révolution* de Thiers, jointe aux œuvres d'un certain Rabot, qui doit sans doute avoir existé, étaient proclamées dangereuses, il est facile de comprendre que les lectures permises se réduisaient à un minimum insignifiant.

« Et voyez l'ironie du sort : les idées qui ont pénétré chez nous sous la forme de romans étaient mille fois plus dangereuses que les livres de Rabot, qui n'eussent pas trouvé de lecteurs, tandis que George Sand en a obtenu aussitôt par milliers.

« Il est vrai que deux journalistes célèbres de cette époque, Senkovski et Boulgarine, prirent soin de prévenir nos dames que George Sand portait des habits d'homme et qu'elle menait une vie dissolue. Boulgarine écrivit même dans *l'Abeille du Nord*, en 1848, que George Sand se grisait chaque jour dans une guinguette des barrières en compagnie de Pierre Leroux, et qu'elle prenait part aux soirées athéniennes du ministre de l'intérieur, chez le brigand Ledru-Rollin. Je me souviens parfaitement d'avoir lu moi-même ces divagations ineptes. Heu-

reusement, à cette époque nous connais-
sions déjà bien les œuvres de George Sand,
et personne ne prit au sérieux les insi-
nuations de Boulgarine. Au contraire,
tout le monde comme moi — j'étais encore
un enfant — était frappé par la chasteté
et la pureté parfaite qui caractérisaient
les types favoris de la grande romancière,
ainsi que par le charme modeste qui
règne dans tous ses récits. Et on a voulu
nous prévenir contre cette femme, en nous
disant qu'elle portait des habits d'homme
et en nous faisant accroire qu'elle menait
une vie dissolue !

« J'avais seize ans lorsque je lus pour la
première fois l'*Uscoque*, une des œuvres
les plus charmantes de George Sand à
ses débuts. J'ai passé toute la nuit comme
dans la fièvre ! Les héroïnes de cette
nouvelle présentaient un type de pureté
morale d'un ordre si élevé, qu'il était

impossible de ne pas reconnaître dans l'auteur qui les avait créées les mêmes nobles aspirations, le même haut sentiment du devoir, la même conception d'un idéal fait de bonté, de patience et de justice. Il est vrai qu'à côté de cette bonté, de cette patience et de ce haut sentiment du devoir perçait un orgueil démesuré et une grande soif de révolte ; orgueil et révolte qui d'ailleurs avaient leur source dans cette idée de justice suprême sans laquelle l'humanité est incapable de se maintenir à une certaine hauteur morale. Au fond, cet orgueil n'était autre que le dégoût du vice ; cette révolte, que la soif d'un grand devoir à remplir pour réaliser une belle œuvre. En effet, toutes les héroïnes de Georges Sand sont avides de sacrifices et de grandes actions.

« J'ai surtout subi le charme des types de jeunes filles qu'elle évoque dans ses

Nouvelles vénitiennes, si dignement cou-
ronnées par *Jeanne*, œuvre géniale,
qui fournit la réponse la plus lumineuse
et la plus juste aux questions qu'a soule-
vées le souvenir de l'héroïque Lorraine.

« George Sand a su ressusciter dans
une jeune fille du peuple moderne l'âme
de Jeanne Darc, et justifier clairement
par ce moyen l'exactitude de ce grand et
admirable phénomène historique. Il n'y
avait que George Sand qui fût capable de
créer une œuvre semblable, parce que nul,
parmi les poètes ses contemporains, ne
portait en son âme un idéal aussi pur de
la jeune fille — pur et rendu puissant par
sa pureté même.

« Et c'est contre cet auteur que notre
presse voulait nous mettre en garde !...
En dépit de tant d'avertissements, les
pères les plus rigides autorisèrent sans
restrictions la lecture des œuvres de

George Sand dans leur famille. Ils se demandaient avec stupéfaction : « Qu'est-ce « qu'on voulait dire en nous prévenant contre cette auteur idéaliste ? »

« Alors d'autres voix s'élevèrent et crièrent : « Mais ne voyez-vous pas que « c'est dans ces types purs, dans cette « lutte de la chasteté contre le vice, dans « cette bravoure avec laquelle l'inno- « cence se met en campagne contre l'in- « justice que se cache le poison, le poison « de la révolte de la femme et de son « émancipation ! »

« Eh bien ! peut-être que ce qu'on disait du poison était juste ; en effet il fermentait à cette époque ; mais sur quoi devait-il exercer ses effets ? Qu'allait-il détruire ?... Cette question se posait déjà, mais elle n'a été résolue que beaucoup plus tard.

« George Sand, d'ailleurs, représentait

le mouvement de 1848 dans son entier, et
non pas simplement ses efforts en faveur
de l'émancipation de la femme. Il est vrai
qu'en sa qualité de femme George Sand
se plaisait plutôt à peindre des héroïnes
que des héros. C'est pourquoi les femmes
de tout l'univers devraient porter le deuil de
cet auteur, car il honorait leur sexe. C'était
une femme rare par son esprit et par son
talent ; — elle a laissé un nom qui marque
dans le progrès de l'humanité tout entière ! »

« Aujourd'hui, continue Dostoïevski, la
question de l'émancipation de la femme
est déjà résolue. Du moins il me semble
qu'elle a trouvé sa solution.

« En 1848, la gloire de George Sand
était si grande parmi nous, que nous at-
tendions toujours d'elle quelque chose
d'encore plus grand, quelque chose qui
mettrait fin à tous les débats et inaugu-

rerait un nouveau monde. Nos espérances n'ont pas été réalisées ; vers 1848, elle avait déjà dit tout ce qu'elle avait mission d'annoncer, et maintenant on peut donner sur elle un jugement définitif.

« George Sand n'est pas un penseur, mais une des plus grandes voyantes parmi les prophètes qui ont pressenti l'avenir plus heureux qui attend l'hmanité. Toute sa vie elle a cru à cet avenir, parce que dans son âme elle était capable de porter cet idéal. Cette foi dans un meilleur avenir est le partage des grandes âmes, de tous ceux qui sont vraiment épris de l'humanité.

« George Sand est morte déiste, mais ce n'est pas tout, elle est parmi ses contemporains la meilleure chrétienne, bien qu'elle n'ait pas comme catholique pratiqué sa religion.

« Son socialisme, ses espérances, son

idéal, étaient fondés sur le sentiment moral, nourris par ses aspirations vers ce qui est grand, entretenus par sa soif de progrès et de pureté. Ils reposaient sur tous ces grands sentiments qui sont l'apanage de l'âme humaine et non sur une nécessité naturelle.

« Sa foi dans le progrès de l'humanité était sans bornes. Je ne me tromperai pas beaucoup en affirmant que de tous les penseurs et écrivains de son temps, personne ne s'est mieux inspiré de cette belle maxime de l'Évangile : « L'homme ne « vivra pas de pain seulement, » que cette grande voyante qui s'appelait George Sand. »

L'enthousiasme de Dostoïevski pour George Sand ne le rendait pas insensible aux mérites de Balzac, que Biélinski et Tourguéneff ont jugés avec une certaine sévérité.

Le critique russe reprochait déjà à Balzac ce fatras descriptif que, sous prétexte de naturalisme, quelques auteurs actuels entassent dans leurs ouvrages avec tant de complaisance :

« Balzac, disait-il, est un colosse auprès de tous les petits Balzacs qui se noient dans les descriptions minutieuses des boudoirs, des robes, des mouvements et des amours de leurs comtesses ou princesses. Déjà ce seul fait que Balzac s'est toujours frayé lui-même son chemin, qu'il n'a jamais imité personne, mais au contraire qu'il a enfanté des milliers d'imitateurs, très faibles, il est vrai, déjà ce fait nous prouve qu'il possède un talent remarquable. Il est maître dans le récit, et, s'il ne dépensait pas tant d'efforts dans les détails prolixes, dans d'oiseuses descriptions de chambres et d'habits, qu'il prend pour une analyse des cœurs et des passions et qu'il

croit être le fruit d'une observation péné-
trante ; si, au lieu d'être toujours planté
dans les antichambres des salons, il dé-
crivait le milieu qui lui est familier, il
aurait été le premier des écrivains de
second ordre... Mais à chacun son goût,
et nous ne nous étonnons pas que ceux
qui admirent Balzac trouvent George Sand
fade. »

Si Biélinski ne goûtait qu'à moitié
Balzac, Tourguéneff ne le goûtait point du
tout. Il écrivait au directeur des *Annales
de la Patrie*, à Saint-Pétersbourg, dans
une lettre datée de Bougival, en 1882 :

« En tout cas, je consentirais encore à
traduire quelques pages de Montaigne
ou de Rabelais, mais nullement à traduire quoi que ce soit de Balzac, dont je
n'ai jamais pu lire plus de dix pages à la
fois, tant il m'est antipathique et étranger. »

Dostoïevski, dont le talent a quelque

analogie avec celui de l'auteur d'*Eugénie Grandet*, l'a mieux compris que Biélinski et reprocha au critique la sévérité de ses appréciations. Comme Balzac, Dostoïevski aimait à choisir ses personnages parmi les humbles et parfois les disgraciés ; *les Pauvres Gens* dont il retrace la vie douloureuse sont quelque peu parents du *Père Goriot*, et Dostoïevski eût été susceptible aussi de concevoir cet amour paternel poussé jusqu'à l'héroïsme dans une âme primitive et inconsciente.

Parmi les romanciers du jour, MM. Zola et Daudet sont ceux qui jouissent de la plus grande faveur en Russie, car l'école naturaliste, prise dans son ensemble, a beaucoup baissé dernièrement dans l'estime de la critique russe.

Je ne peux mieux faire que de donner à ce sujet l'opinion de M. Weinberg, le critique des *Novosti*, un des écrivains russes les plus versés dans la littérature étrangère, et qui publiait tout récemment dans ce journal une étude sur le roman français.

Après avoir constaté que les lettres sont en décadence dans tous les pays, que le roman allemand, en dépit de ses prétentions à la profondeur, ne peut se vanter d'offrir une seule œuvre digne d'attirer l'attention du public universel, et que le roman anglais ne produit plus que ces fades récits dont on dit « que la mère peut permettre la lecture à sa fille », le critique russe ajoute :

« Nous avons beaucoup compté sur l'école naturaliste française, et, en effet, les talents qu'elle nous a révélés et les principes qu'elle mettait en avant dans son esthétique semblaient devoir nous promettre de grandes œuvres. Cependant que s'est-il passé ? Nous voyons deux, trois écrivains, ou plutôt rien que deux, Zola et Daudet, qui se sont maintenus à la hauteur de leur tâche, et ont confondu par leurs œuvres les adversaires du naturalisme français... mais, à l'exception de ces deux grands romanciers, tous les autres ont changé leur talent en petite monnaie et l'ont gaspillé, piquant de tête en plein, comme on dit, dans la littérature scabreuse et croustillante.

« Ces deux malheurs sont arrivés à M. Guy de Maupassant, qui est cependant un des plus forts de l'école.

« D'autres, enfin, se sont laissés aller à décrire minutieusement, en des volumes entiers, des vices contre nature, ou sont restés tout le temps ce qu'ils avaient annoncé à leurs débuts : des nullités.

« A côté de cette école, fleurit le roman boulevardier à sensation. La vogue prodigieuse d'un de ses coryphées, M. George

Ohnet, en regard des œuvres de l'école
naturaliste, est un phénomène tout à fait
stupéfiant.

« Il y a encore en France une troisième
école, dont le but est de réagir à la fois
contre l'école naturaliste, — en excluant
de ses tableaux tout ce qui peut blesser la
chasteté, — et contre le roman à sensation, — en remplaçant les assassinats et
le viol par le drame intime et profond.
Cette école renferme des écrivains de talent : nous citerons au premier rang Delpit
et Theuriet, surtout ce dernier ; mais, à
force de vouloir être morales, leurs œuvres
tombent souvent dans la douceur fade, et
bien qu'elles fournissent aux jeunes filles
en âge de se marier une lecture saine et
même utile, elles ne sont pas littéraires
dans l'acception sérieuse et large de ce
terme. »

Tandis qu'en France ce n'est que dans

ces derniers temps qu'on commence à
vouloir s'initier dans la littérature slave,
— dont on semble même déjà presque ras-
sasié, — les Russes suivent avec intérêt
les plus fugitives manifestations de l'esprit français. Ce n'est de leur part ni
simple curiosité ni badauderie, mais le
désir de connaître à fond une nation pour
laquelle on éprouve une amitié sincère.

Ainsi le succès d'*Hamlet* à la Comédie
française, qui correspondait à la chute du
Crocodile de Sardou, a suggéré au critique de la *Nedielia*, une des premières
revues hebdomadaires de Saint-Pétersbourg, les réflexions suivantes :

« La preuve la plus éloquente que les
Parisiens commencent à rechercher un
élément sérieux jusque dans leurs plaisirs
est le succès colossal que vient de rem-
porter *Hamlet* à la Comédie française, et
la chute non moins colossale du *Crocodile*

de Sardou... Sans doute, les amis de l'auteur et les journaux conservateurs s'efforceront d'expliquer cet insuccès, en disant que le *Crocodile* est une satire du régime démocratique et qu'il renferme une philosophie profonde.

« Mais il est grotesque d'invoquer la philosophie et les idées politiques de l'auteur de *Rabagas* et de *Théodora*; d'ailleurs cette dernière pièce n'est pas moins insignifiante que le *Crocodile*, mais au moins elle ne prétend ni à la philosophie ni à la satire. »

Francillon n'a pas non plus recueilli beaucoup de suffrages dans la presse russe. Le chroniqueur de la *Nediélia*, que j'ai déjà cité, approuve sans réserves le jugement porté sur *la Comtesse Sarah* par la critique théâtrale française, mais s'étonne de voir cette même critique se pâmer d'admiration devant *Francillon*.

« En réalité, dit-il, ces deux pièces marchent sur des béquilles, et procèdent de Scribe, avec cette différence que *la Comtesse Sarah* est un mélodrame absurde sur l'adultère bourgeois, et *Francillon* un vaudeville spirituel sur ce même adultère. Ces deux pièces n'ont aucun mérite réel, rien de véritablement artistique, les personnages ne sont pas des hommes vivants mais des poupées qui, chez Dumas, s'expriment dans un langage spirituel, et chez Ohnet dans un langage trivial. Comment la critique française, qui possède des hommes de talent comme MM. Bernard-Derosne et Jules Lemaître, si compétents dans les questions littéraires, qui ont des idées si élevées sur l'art, et font preuve en général de tant d'impartialité dans leurs jugements, comment cette critique a-t-elle pu reconnaître le néant de *la Comtesse Sarah* et donner

en même temps une importance si exa-
gérée à *Francillon?* C'est un mystère
dont les Français peuvent seuls donner la
clé et que nous renonçons à pénétrer, car
nous ne voulons pas supposer que la
critique française s'est laissée éblouir par
le prestige du célèbre académicien. »

Toutes ces réserves n'empêchent pas le
public de Saint-Pétersbourg d'affluer au
théâtre Michel chaque fois que le nom
de Dumas est sur l'affiche.

Les pièces empruntées à la France sont
du reste très brillamment interprétées, et
malgré les rigueurs de la critique sont
traduites dès leur apparition en France et
adaptées à la scène russe.

Le goût des deux publics diffère sensiblement, et je ne peux mieux faire res-
sortir ces divergences qu'en rappelant le
fait suivant que Tourguéneff raconte à son
ami Polonski.

« Un jour, me trouvant à Paris, je suis allé en compagnie de Flaubert et de quelques hommes de lettres français voir une pièce qui avait obtenu un grand succès dans le public et dans la presse.

« Voici quel en était le sujet : Un vilain sire avait une femme et deux enfants, un garçon et une fille. Ce personnage, non content d'avoir mangé toute la fortune de sa femme, l'outrageait à chaque instant et la battait presque. Enfin il se décida à demander la séparation de corps et de biens. Il resta à Paris, où il menait une vie dissipée; elle partit, si je ne me trompe, pour la Suisse, où elle fit la connaissance d'un homme admirable, qu'elle aima, et dont elle devint la maîtresse, ou plutôt la femme. Les enfants s'attachèrent à lui et même crurent qu'il était leur véritable père. Plusieurs années passèrent ainsi... Le garçon devint un jeune homme, la

fillette une jeune fille en âge de se marier.
A cette époque, le mari légal apprit que
sa femme venait de faire un héritage ;
pour mettre la main sur cette fortune, ce
vieux viveur vint dans la ville qu'habi-
taient sa femme et ses enfants, qu'il avait
complètement abandonnés pendant tout
ce temps.

Il se fait d'abord connaitre à son fils et
lui révèle qu'il est son père. Alors ce jeune
homme, au lieu de demander compte à
son père de l'abominable conduite qu'il a
tenue envers sa mère, et de lui reprocher
de l'avoir laissé ainsi que sa sœur à la
charge d'un étranger, ce jeune homme se
met à blâmer sa mère et l'homme qui les
a élevés, sa sœur et lui, comme ses propres enfants. Cette situation donne lieu à
la scène suivante : le frère et la sœur sont
seuls, lorsque leur père d'adoption entre
dans la chambre et, selon son habitude,

en disant bonjour à ses enfants, veut embrasser la jeune fille sur le front. Mais le jeune homme lui saisit le bras et le repousse loin de sa sœur d'un geste indigné qui semble dire :

— Comment osez-vous embrasser ma sœur? De quel droit prenez-vous cette liberté?

« Toute la salle transportée applaudit cette noble action du frère, et, à ma stupéfaction, Flaubert applaudit également et manifesta une sympathie évidente pour ce jeune homme.

« En sortant du théâtre, Flaubert et ses amis s'efforcèrent de me démontrer que l'acte du jeune homme était d'une haute moralité, car le sentiment qui lui avait dicté ce geste défendait le principe de la famille ou, comme on dit : l'honneur de la famille.

« J'avais beau leur prouver qu'au con-

traire cet acte est ignoble, entièrement
dépourvu du sentiment de l'équité, j'avais
beau leur dire que sur la scène russe une
pièce pareille serait sifflée, et son auteur
accusé de prêcher le faux et l'immoralité ;
mes amis ont gardé leur opinion, et moi
la mienne. Nous sommes seulement tombés
d'accord sur ce point, c'est que les Russes
et les Français n'ont pas les mêmes notions sur ce qui est bon ou mauvais, moral ou immoral. »

Cette divergence dans la manière de
voir des deux peuples est beaucoup moins
sensible dans la vie réelle que dans l'art,
et s'affirme surtout dans l'art dramatique.

Le théâtre russe suit la vie réelle sans
se soucier des conventions, tandis que le
théâtre français suit les conventions sans
se soucier de la vie réelle.

XII

LES LIVRES FRANÇAIS EN RUSSIE

L'invasion russe et l'invasion française. — Les débuts
de M. Zola. — *Yvette* et *Bel-Ami*. — Traductions
de Ponson du Terrail, de MM. Xavier de Montépin,
Richebourg, etc., etc. — M. Stéphan Malarmé en
Russie. — Les librairies françaises en Russie. — Le
Figaro et les journaux français. — Une aventure
du *Rappel*. — Les œuvres de MM. Rambaud, Élisée
Reclus et Melchior de Voguë. — Rôle des livres
français dans l'alliance franco-russe.

Nous venons de voir quelle est l'opinion
de la presse russe sur les écrivains français, il ne sera peut-être pas sans intérêt
pour nous de nous demander quel accueil
le public russe réserve aux livres français ?

La faveur dont la littérature russe à

joui en France ces derniers temps a été quelque peu compromise par la précipitation des traducteurs et des éditeurs. Le public parisien, après avoir fait fête à Tourguéneff, Tolstoï, Dostoïevski, s'est effarouché tout à coup; il a crié à l'invasion et a cru devoir réagir contre l'engouement de la veille.

Que la France se rassure, sa littérature ne sera pas submergée par ce fleuve exotique, car le courant qui nous vient de Russie n'est rien en comparaison de celui qui inonde l'empire moscovite des moindres productions de la presse française, aussitôt et quelquefois avant même qu'elles aient paru à Paris.

L'échange littéraire qui s'est établi entre les deux pays, pour employer la langue de l'économie politique, est, au point de vue matériel, tout à l'avantage des écrivains français.

13.

On s'est récrié aux bords de la Seine en voyant une œuvre de Tolstoï paraître dans deux ou trois traductions, sous des titres différents.

Les Russes sont habitués à voir toutes les œuvres de Zola, d'Alphonse Daudet publiées en même temps par tous leurs grands journaux et par leurs principales revues, qui ont tous des traducteurs à Paris chargés de leur transmettre ces romans, feuilleton par feuilleton, à mesure qu'ils paraissent. Lorsque l'ouvrage fait son apparition en volume, de nouveau un ou plusieurs traducteurs s'empressent d'en donner la primeur à leurs compatriotes.

Au temps où le talent de M. Zola était méconnu en France et où personne ne voulait encore de sa prose énergique et puissante, *le Messager d'Europe* a eu la gloire d'être le premier à ouvrir ses pages au grand romancier. M. Stassiou-levitch, le directeur de cette importante revue, a prié l'auteur des *Rougon-Macquart* de lui envoyer chaque mois une lettre de Paris, et, au point de vue pécuniaire tout au moins, l'affaire n'était point mauvaise pour M. Zola.

Tourguéneff a laissé dans sa correspondance des détails assez intéressants sur les échanges littéraires qui se sont établis entre la France et la Russie.

Ainsi il écrivait à M. Tchédrine, directeur des *Annales de la Patrie :*

« Cher Mikhaïl Evgraphovitch,

« Je vous écris avant même d'avoir reçu une réponse à ma dernière lettre... J'ai une proposition à vous faire : N'aime-riez-vous pas entrer en relation avec M. E. de Goncourt, aux mêmes conditions que *le Messager d'Europe* avec M. Zola.

Goncourt termine en ce moment un roman qui pourrait aussi paraître d'abord en russe, comme *la Faute de l'abbé Mouret*.

« L'auteur vous enverra le manuscrit. Faites-moi savoir votre décision. Le prix sera le même que pour Zola : de 1,500 à 2,000 francs. Quant à Zola, vous m'avez dit que vous lui donneriez plus que *le Messager d'Europe*. Je lui en ai parlé dans des termes très voilés, sans vous nommer... »

En 1876, *l'Assommoir* parut à Paris et remporta un éclatant succès. Dès lors, M. Zola déclina l'offre de la *Novoïe Vremia*, qui lui demandait de lui donner deux lettres par mois. Pendant ce temps, le directeur des *Annales de la Patrie* suppliait toujours Tourguéneff de lui procurer la collaboration de M. Zola. Voici la réponse du romancier russe :

« Croyez à mon zèle, mais il ne peut

plus rien : le directeur du *Messager d'Europe*, pendant sa dernière visite à Paris, a fait la connaissance de M. Zola et l'a doré des pieds à la tête, à condition que l'auteur de *la Curée* appartienne exclusivement à sa revue ; Zola est devenu pour lui cette poule aux œufs d'or qu'il s'agit de soigner comme la pupille de ses yeux. »

Avons-nous jamais vu une revue française faire des propositions semblables à Tourguéneff, Tolstoï ou Dostoïevski?

Lorsque, en 1880, M. Zola déclina toute collaboration au *Messager d'Europe*, Tourguéneff présenta à sa place M. Guy de Maupassant ; nous ignorons les conditions qui furent agréées par ce dernier, nous savons seulement qu'*Yvette* et *Bel-Ami* ont été publiés dans des revues russes avant de paraître en français.

M. Henri Fouquier fut également appuyé par Tourguéneff auprès de M. Stassioulovitch, qui confia la correspondance parisienne de son journal *l'Ordre* au spirituel chroniqueur. Malheureusement pour les lecteurs russes, cette collaboration n'a pas été de longue durée, ce journal ayant été suspendu à cause des difficultés que la censure suscitait à la direction.

A côté des œuvres des grands romanciers déjà mentionnés, plusieurs traducteurs s'arrachent, dès qu'elles paraissent, toutes les productions de MM. Octave Feuillet, André Theuriet, Halévy et Pierre Loti, qui ne manquent pas de trouver en Russie deux ou trois éditeurs.

Il est vrai que l'absence de toute convention ne garantit pas, en Russie, la propriété littéraire, et que les romanciers français sont traduits souvent à leur insu et sans aucune rétribution. En revanche,

Tolstoï, Tourguéneff, Gontcharoff, n'ont jamais réclamé non plus leurs droits d'auteur.

Les véritables amis des lettres ne peuvent s'affliger de voir s'établir entre deux grandes nations cet échange littéraire dégagé de toute préoccupation mercantile.

Cependant, il faut bien l'avouer, les traducteurs russes ne se contentent pas de faire passer dans leur langue les œuvres vraiment littéraires de la France, ils s'empressent de mettre en circulation n'importe quel roman qui a eu un moment de vogue à Paris. C'est ainsi que Ponson du Terrail, que MM. Xavier de Montépin, Émile Richebourg, trouvent en Russie des amateurs aussi nombreux que dans leur propre pays.

Heureusement, cette branche de la littérature française n'est pas la seule qu'on propage sur les rives de la Néva.

Les poètes français ne sont point oubliés. Les Russes possèdent des traductions en vers, souvent très réussies, des œuvres complètes de Béranger, de Lamartine, de Victor Hugo, d'Alfred de Musset... Des poésies de Théophile Gautier, de Théodore de Banville, de Sully-Prudhomme, de François Coppée, ornent presque chaque mois les pages du *Messager d'Europe* et de bien d'autres revues.

Des poètes moins répandus ne sont pas ignorés en Russie; M. Stéphane Mallarmé peut se réjouir, son nom n'est pas inconnu dans ces contrées lointaines; il est vrai que c'est la *Strekosa* (le Charivari russe) qui lui a donné l'hospitalité de ses colonnes.

Nous nous tromperions beaucoup en nous figurant que les Russes traduisent avec tant de zèle les livres français parce qu'ils sont à court de copie, ils ont en abondance des écrivains féconds et intéressants, mais ils tiennent à connaître la France à fond.

Ils estiment qu'un peuple se reflète tout entier dans sa littérature, et c'est pourquoi les productions les plus fugitives des lettres ont encore de la valeur à leurs yeux.

On sait combien le théâtre français est goûté en Russie : les nombreuses traductions de Molière sont, pour la plupart, très heureuses, et les interprètes de l'immortel comique ne le cèdent pas de beaucoup à leurs confrères de la Comédie française. Beaumarchais obtient aussi toujours un succès fou là-bas. Enfin Dumas, Augier, Labiche, Sardou, Halévy, malgré les rigueurs des critiques russes et la divergence de point de vue des deux publics, sont aussi populaires sur la Perspective Newsky que sur le boulevard des Italiens.

Il faut dire aussi que l'affluence du public russe aux représentations données en français tient en grande partie à sa prédilection pour les comédiens français, qu'elle estime les premiers du monde.

On voit qu'il s'en faut de beaucoup pour que l'échange entre les deux littératures soit égal.

Jusqu'ici, que connaissons-nous en France de la poésie et du théâtre russe? Quelques fragments de Pouchkine ont été traduits en français, et en prose encore! Lermontoff, que M. Melchior de Vogüe, ce fin et profond critique, proclame un des plus grands poètes de notre temps, est à peu près inconnu en France.

D'ailleurs, si les Russes lisent volontiers des traductions, cela ne les empêche pas de recourir au texte, et bien souvent la version russe d'une œuvre étrangère sert de réclame à l'original.

Les Français qui peuvent lire Tourguéneff ou Tolstoï dans leur langue sont bien rares, et il n'est pas probable que leur nombre se multiplie beaucoup.

Tout dernièrement, les journaux français ont parlé de la formation d'une société de libraires parisiens pour exploiter une librairie française à Saint-Pétersbourg. Un journal russe annonçait également que MM. Marpon et Flammarion allaient ouvrir une succursale à Saint-Pétersbourg. Il n'existe d'ailleurs pas de ville un peu centrale en Russie qui ne possède une librairie exclusivement française. Pétersbourg, Moscou, Varsovie, Odessa, Kieff et Kharkoff en ont même plusieurs. On peut dire sans exagérer que la Russie est de tous les pays de l'Europe celui où l'on achète le plus de livres français. Que sera-ce plus tard, lorsque l'instruction sera à la portée de tous dans l'empire moscovite ?

Le russe a beau être à la mode en France, nous sommes encore bien loin d'avoir des librairies russes. Il y a deux ans, je m'en souviens, j'ai eu besoin d'un roman de Tourguéneff dans le texte original, je l'ai cherché vainement dans toutes les librairies de Paris et jusque dans la Bibliothèque nationale. Ce fait n'a rien d'étonnant, la Bibliothèque nationale, comme on me l'a expliqué depuis, dispose d'un fonds très limité pour l'achat des livres étrangers, et la plupart de ceux qu'elle possède sont dus à des dons. Je suis heureux de pouvoir constater aujourd'hui que sa collection de livres russes s'est sensiblement enrichie.

Les journaux français ne sont pas moins répandus en Russie que les productions plus sérieuses de l'esprit français, *le Figaro* vient en première ligne, après lui *le Temps*, *les Débats*, *le Siècle* et *l'Indépendance Belge* comptent de nombreux lecteurs, et bien d'autres feuilles françaises leur disputeraient la faveur du public russe si la censure les laissait passer.

Ainsi, il y a quelques années, je m'abonnai au *Rappel*; je fus surpris, en arrivant à Odessa, de ne plus recevoir ce journal. Je m'informai au bureau de la censure; le fonctionnaire chargé de surveiller l'entrée des journaux étrangers me dit :

— Je comprends que vous teniez à lire le journal de Victor Hugo, mais malheusement *le Rappel* n'est pas sur la liste des feuilles admises en Russie. Cependant, si vous prenez l'engagement de ne pas laisser ce journal sortir de votre chambre, je donnerai l'ordre qu'on vous le fasse parvenir.

En effet, pendant deux mois, je reçus régulièrement mon journal, mais un beau matin on vint me prier de passer au bureau de la censure, et le fonctionnaire qui m'avait déjà reçu, un fort galant homme, me dit avec une parfaite courtoisie :

— Vous avez pu voir, monsieur, qu'il n'y a point de mauvaise volonté de ma part ; mais on nous a dénoncés, et j'ai reçu l'ordre de ne plus laisser passer le journal de Victor Hugo...

D'ailleurs, à part quelques journaux formellement proscrits, les feuilles françaises circulent librement en Russie. Sans doute, il arrive de temps en temps qu'un entrefilet et quelquefois un article tout entier disparaissent sous un pâté d'encre noir, afin que l'œil curieux du Russe n'y puise pas des suggestions subversives.

Il est vrai que ces précautions ne
servent qu'à fixer l'intention du lecteur,
qui saura fort bien s'arranger pour faire
venir de Paris les numéros incriminés
malgré les lunettes de la censure. Assurément on risque la déportation à ce jeu, mais
pour goûter le fruit défendu Ève a bien
donné le Paradis.

De tous les faits que nous venons d'énu-
mérer, il ressort, à ce qu'il me semble,
que l'invasion de la littérature russe en
France est bien peu de chose à côté de
l'extension que la littérature et la langue
françaises ont prise en Russie. Il se
passera encore bien des années avant que
les journaux et les livres russes obtiennent en France le millième du nombre de
lecteurs que nos journaux et nos revues
comptent en Russie. Si une réaction venait
à se produire dans ce pays contre la littérature française, ce ne serait pas, malé-

riellement parlant, la Russie qui perdrait.

Les études que quelques écrivains et savants français ont faites dernièrement sur la Russie ont été tout particulièrement goûtées dans ce pays; je citerai entre autre : l'Histoire de la Russie par M. Rambaud, la Géographie de la Russie par M. Elisée Reclus, le Roman russe par M. Melchior de Voguë, les travaux de M. Léger sur la Russie. Toute la presse russe est unanime pour déclarer que ces ouvrages font honneur aux lettres françaises, et que ce n'est pas un mince mérite que d'avoir su étudier l'esprit russe sous toutes ses manifestations avec tant de profondeur et d'impartialité, tout en faisant preuve d'un goût si sûr dans une forme parfaite.

Je dois encore ajouter que rien n'a plus contribué à rendre l'opinion publique en Russie favorable à la France que l'accueil bienveillant que ses grands romanciers ont reçu à Paris.

Les admirables études de M. Melchior de Vogüé sur le roman russe en particulier, et les articles consacrés par les chroniqueurs des journaux parisiens à la gloire de Dostoïevski, de Tourguéneff et de Tolstoï ont plus fait pour rapprocher la Russie de la France que toutes les finesses de la diplomatie.

XIII

LA RUSSIE ET L'ALSACE

Sympathie spontanée. — Propagande russe en faveur de l'Alsace. — Le feuilleton de M. Dantchenko. — Chanson française sur la Néva. — La véritable cause de la sympathie de la jeunesse russe pour l'Alsace.

Le jour ou l'Alsace a été si violemment arrachée à la France, il s'est formé en Russie un courant sympathique en faveur des malheureux habitants des provinces annexées. Ce sentiment n'était pas dicté par la politique, il jaillissait du cœur spontanément. La politique russe, au contraire, était favorable à ce moment-là au nouvel empire allemand, et ceux qui suivent toujours le gouvernement sans se

préoccuper des questions d'humanité et
de justice, comme M. Katkoff, se mon-
trèrent sans pitié pour les victimes ; mais
tous les journaux libéraux et d'opinions
avancées, se plaçant à un point de vue
humain, flétrirent cette violation du droit
des gens, protestèrent contre le fait
accompli et demandèrent que l'Alsace et
la Lorraine fussent rendues à la France.

Aujourd'hui, les intérêts de la politique
mettent le gouvernement dans la nécessité
de réclamer une alliance avec la France
contre l'ennemi commun, et il ne se trouve
plus un seul journal en Russie qui ne
soulève l'opinion contre l'injustice com-
mise, et ne demande combien de temps
on laissera l'Alsace et la Lorraine gémir
sous le joug des Prussiens ?

Pour donner une idée de cette propagande russe en faveur de provinces conquises, je résumerai les *notes d'un voya-*

geur en Alsace, feuilleton publié par les *Novosti* et dû à la plume de M. Némirovitch Dantchenko.

I

LE PRUSSIEN EN ALSACE ET CHEZ LUI. — LES MARIAGES EN ALSACE

Il est impossible, assure M. Nemirovitch Dantchenko, de refuser au Prussien une certaine dose de tact politique. Il ne le perd que lorsqu'il a affaire à nous autres Russes, qui sommes dans ce monde, à ce qu'il paraît, uniquement pour lui tirer les marrons du feu. En Alsace, où il est entré dans la maison d'autrui comme un maître que personne ne demandait, il s'efforce de s'insinuer dans les bonnes grâces des frères annexés.

Économe chez lui jusqu'à la parcimonie, il devient large et généreux en Alsace, jette l'argent à droite et à gauche et se donne beaucoup de peine pour être aimable. En province conquise il ne marche pas, il glisse : quand il rencontre un de ses nouveaux compatriotes, il esquisse une révérence, et quand il lui adresse la parole,

il fait la bouche en cœur. Il se montre toujours
d'humeur sentimentale et même ne peut réprimer une larme d'attendrissement lorsqu'il rencontre un frère annexé qui ne lui tourne pas le
dos et daigne répondre à son salut plus ou moins
courtoisement.

Autant le Prussien à Berlin jette au nez de
tout le monde la grandeur et la gloire de son
Vaterland, autant il s'efface à Strasbourg. L'éléphant du cirque en bonnet de coton et un tablier
autour du cou, une tasse de thé dans sa trompe,
n'a pas l'air si bienveillant ni si bon enfant que
le Prussien dans cette ville.

Mais tout en marchant comme sur des œufs,
le conquérant n'oublie pas que la peau d'agneau
qu'il a revêtue n'adhère pas à sa chair. Sa lourde
patte est doublée de velours et tourne et retourne
délicatement le pauvre petit oiseau aux ailes pendantes, tandis qu'il lui prêche les douceurs d'une
amitié mutuelle. Mais que l'oiseau risque un
mouvement, et les griffes percent le velours et
font jaillir le sang, tandis que le chat prussien
ronronne toujours sans rien perdre de sa câlinerie et de sa bonhomie presque paternelle.

Le Prussien ne travaille pas seul, en Alsace,
au profit de son *Vaterland* : sa femme et sa fille

l'aident de leurs bras vigoureux à labourer ce champ fertile dans l'espoir d'une abondante et joyeuse récolte. Pour peu qu'un annexé la lui demande, le Prussien non seulement lui donnera sa fille en mariage, mais procurera à son gendre toutes sortes de faveurs et de bénéfices. Lui-même recherche les Alsaciennes avec une assiduité qui n'est pas due uniquement à leurs charmes : il sait que son gouvernement récompensera ce mariage civique en le dotant d'une ferme et en le comblant de biens. Malheureusement pour lui, ces idylles sont fort rares, parce qu'il est impossible de trouver une Alsacienne qui consente à épouser un Prussien. Les Alsaciens ne montrent pas plus de goût pour les blondes Gretchens.

Ici M. Dautchenko établit un parallèle entre la Française et l'Allemande, où il émet sur la vertu des Gretchens des réflexions d'une sévérité qu'il assure être méritée, mais qui sont d'une telle crudité, que nous préférons laisser à la presse allemande le soin de les savourer dans le texte russe.

Nous taisons par modestie dans un ouvrage français les louanges que l'auteur adresse aux Françaises.

Il est facile de se représenter quel antagonisme doit exister dans les provinces annexées entre les Allemandes et les Alsaciennes. Celles-ci n'osent pas dire tout haut qu'elles sont Françaises, mais elles ne perdent pas jamais une occasion de faire comprendre qu'elles ne sont pas Allemandes et qu'elles n'ont rien de commun avec les Allemandes.

A Strasbourg, raconte le touriste russe, je suis descendu à l'hôtel de France, que, par parenthèse, je recommande à tous les touristes qui visiteront cette belle ville. Une jeune et gracieuse hôtelière accueille les voyageurs avec une affabilité toute française, et tous les hôtels allemands recommandés par le *Bædæcker* ont beaucoup de peine à soutenir la concurrence que leur fait l'hôtel de France.

— C'est que nous avons tous les voyageurs français et les Allemands par-dessus le marché! m'a expliqué mon hôtesse.

— Mais pourquoi les Allemands ne vont-ils pas dans ces hôtels tenus par leurs compatriotes?

— Parce que leurs compatriotes savent qu'ils seront toujours soutenus par le gouvernement, et ils en profitent pour faire payer plus cher et nourrir plus mal.

— Mais vous, vous êtes Française ?

La jeune femme eut un sourire malin et me répondit :

— Non !

— Vous êtes Allemande ?

— Je ne le suis pas et ne le serai jamais !

Les yeux de l'hôtelière étincelèrent d'une vive indignation.

— Mais alors qu'êtes-vous donc ?

— En *attendant*, je suis Alsacienne. Elle appuya sur ces mots : en attendant.

En effet, l'Alsacienne, vive, gracieuse et spirituelle, n'a rien de commun avec l'Allemande, lourde et molle. Les Berlinois ne manquent jamais une occasion de crier contre la démoralisation française. Ils font semblant d'ignorer qu'avant leur arrivée en Alsace la famille alsacienne était un modèle de chasteté et de vertu. A l'heure qu'il est, les Alsaciens ne reconnaissent plus leurs villes : à la suite des triomphateurs, la fille de Kœnigsberg a fait son entrée à Strasbourg et a pris une place considérable dans la vie alsacienne ; elle y a introduit le vice sous sa forme allemande : la prostituée, qui se croit une honnête femme parce qu'elle envoie ses écono-

mies à son fiancé et qui sait mener de front
l'arithmétique et les lettres sentimentales à son
Schatz, tout en rêvant au savoureux *bier-soupes*
et *ehmand-knchen* qu'elle lui préparera.

J'ai dit combien les mariages entre Allemands
et Alsaciennes ou l'inverse sont rares. La société ferme ses rangs aux jeunes filles qui
épousent des officiers prussiens. J'en ai vu un
exemple sous les yeux, dans un village alsacien
où je séjournai chez des amis. Peu avant mon
arrivée, une jeune Alsacienne avait déclaré à
ses parents qu'elle voulait épouser un officier
prussien. Ceux-ci, après avoir tout fait pour la
détourner de son projet, voyant qu'elle restait
inébranlable, lorsque vint le jour du mariage,
la prirent par la main et, l'ayant conduite sur la
place publique, où tout le village était rassemblé,
lui dirent solennellement :

— A dater d'aujourd'hui, oublie que tu as été
notre fille ; nous sommes des étrangers pour
toi. Le monde est grand, et que Dieu fasse que
nous ne nous rencontrions jamais. Tu vas à
droite et nous à gauche, et sache que la distance
qui nous sépare deviendra de jour en jour plus
grande...

La jeune fille dut traverser la place toute

seule pour se rendre à l'église, où l'attendait son fiancé et les témoins.

Lorsque les nouveaux époux sortirent après la bénédiction, ils trouvèrent les rues du village désertes et toutes les portes et les fenêtres fermées en signe de deuil. Le lendemain, les jeunes mariés firent une dernière tentative; ils se présentèrent chez les parents de la jeune Alsacienne. Mais le vieux père, toisant son gendre d'un regard de mépris, lui dit :

— Monsieur l'officier, avez-vous un billet de logement ?

Puis il lui ferma la porte au nez.

II

STRASBOURG

Je suis arrivé à Strasbourg tard dans la soirée. Je n'ai jamais vu une plus belle gare que celle que les Allemands ont construite dans cette ville. C'est un édifice monumental rayonnant de lumière électrique et qui possède toutes les commodités qui constituent le confort moderne. Les employés sont d'une politesse obsé-

quieuse, comme d'ailleurs tous les Allemands à
Strasbourg. Les chefs parlent couramment le
français et ont pour les voyageurs les petits
soins d'un fiancé pour sa prétendue. Tout est
disposé de façon à ne pas indisposer les frères
annexés, mais au contraire de manière à leur
faire bonne impression et à les réconcilier avec
la domination allemande. J'ai déjà parlé de
l'hôtel où je me suis arrêté. Il donne sur la
vieille place Saint-Pierre, presque toujours dé-
serte. Seuls les oiseaux qui peuplent l'antique
clocher de l'église rompent le silence. Et cependant cette place aussi a son histoire : une Française, désespérée en voyant les Prussiens s'emparer de Strasbourg, s'est jetée du haut de la
tour de Saint-Pierre pour retomber sur les
dalles qui pavent la cour. Il y a trois ans, la
vieille église a été le théâtre d'une manifestation
moins tragique mais qui n'a pas dû être plus
agréable aux vainqueurs. Un beau matin les
Prussiens ont eu la surprise de trouver que des
drapeaux tricolores avaient poussé pendant la
nuit à toutes les branches des arbres qui dé-
corent la place Saint-Pierre ; au même instant,
un orchestre groupé sur le perron, devant l'é-
glise, jouait la *Marseillaise*, tandis que des mil-

liers et des milliers de voix entonnaient l'hymne de la France. Puis la place Saint-Pierre fut replongée dans son sommeil. Jusqu'à quand dormira-t-elle ?

Une tristesse morne pèse d'ailleurs sur toute la cité alsacienne. Les Prussiens s'efforcent en vain d'offrir des distractions à ses habitants, les Alsaciens passent à côté sans retourner la tête, absorbés dans leurs pensées, en proie à d'intimes préoccupations.

Au café, les Prussiens voudraient bien entrer en conversation avec les gens du pays ; mais dès qu'un des concurrents vient s'asseoir à la table qu'occupe un Alsacien, celui-ci s'empresse de changer de place. En chemin de fer, il suffit qu'un Prussien se trouve dans un compartiment pour que l'Alsacien se garde bien d'y monter.

Un professeur allemand me dit un jour à ce sujet :

« Je ne peux pas comprendre pourquoi les Alsaciens nous fuient. Je comprends encore leur aversion pour les militaires, mais que peuvent-ils avoir contre nous, hommes de science ? Et cependant non seulement ils nous évitent, mais ils laissent percer une véritable répugnance. Je peux vous assurer qu'en dépit des millions de marks que nous avons engloutis en Alsace, notre situation dans ce pays est toujours impossible. Sans nous offenser ouvertement, les Alsaciens trouvent moyen de nous témoigner leur aversion de mille manières.

« Dans les magasins, on ne nous présente pas la marchandise, on nous la jette. Au restaurant, le garçon alsacien s'arrange toujours pour arroser votre gilet en plaçant un plat devant vous. Et, pendant que nous mangeons, il nous regarde avec une hostilité non dissimulée. Les Alsaciens ne se contentent pas de détester la Prusse, ils voient dans chaque Prussien un ennemi personnel. »

Il est permis de se demander ce que les Prussiens sont allés faire dans cette galère ! Ils commencent à avoir tout l'air de se repentir d'y avoir mis les pieds. Un autre symptôme encore plus grave pour eux, c'est que beaucoup de leurs propres colons se montrent très mécontents du gouvernement militaire qui administre les provinces annexées et semblent disposés à partager les ressentiments des Alsaciens; s'ils n'admettent pas l'idée du retour des Français, ils n'en haïssent pas moins cordialement les fonctionnaires berlinois.

P.

Nous passerons sous silence la description des monuments de Strasbourg, que tous les lecteurs connaissent, pour ne signaler que quelques innovations introduites par les conquérants. De tout temps, le touriste a dû payer une taxe pour monter jusqu'à la flèche de la cathédrale de Strasbourg; mais les Allemands ont ingénieusement perfectionné le système en échelonnant les prix avec les gradins : ce n'est que quinze pfennings jusqu'au premier palier; à mi-hauteur de la tour, quarante pfennings, et pour atteindre la flèche, un mark et vingt-cinq pfennings. On assure même qu'il a été question de diviser la tour en plusieurs compartiments ouvrant sur différents points de vue, et qui seraient taxés selon l'intérêt qu'ils présentent : tant pour voir la Forêt-Noire, tant pour les montagnes de Bade, pour les Vosges, le Rhin; pourquoi ce plan n'a-t-il pas été mis à exécution? Peut-être le Prussien a-t-il compris que cette manière de débiter la nature en détail pourrait nuire à sa réputation d'homme sentimental.

La plupart des Alsaciens vont faire leurs études à Paris ou en Suisse; ceux d'entre eux qui se trouvent dans l'impossibilité de s'expatrier sont exposés à des tracasseries sans nombre de la part de leurs condisciples prussiens, qui sont en très forte majorité à l'Université de Strasbourg. La statue de Gutenberg joue dans la cité alsacienne le double rôle des statues de Pasquin et de Marforio. Un jour les Prussiens collèrent sur cette statue l'inscription suivante :

« *L'étudiant alsacien.*

Bien qu'en cachette il se moque du bâton, il courbe l'échine devant lui, et pour le faire obéir il suffit de lui tenir toujours le bâton devant le nez. »

Cet échantillon de l'esprit berlinois n'a-t-il pas un parfum de *schlague* et de caserne prussienne?

La réplique ne se fit pas attendre; le lendemain on lisait sur la statue de Gutenberg :

« Il y a longtemps, Berlinois, qu'on a suivi ton conseil. Regarde autour de toi, et dans chaque Prussien en extase devant Berlin, tu verras non seulement un bâton, mais toute une bûche. »

Cette polémique recommence tous les jours, en dépit du zèle que mettent les gardiens à déchirer ces pasquinades, à mesure qu'elles apparaissent sur le bronze de Gutenberg. Un moment les autorités crurent devoir placer une sentinelle pour défendre la statue. Mais l'idée que le grand imprimeur allemand eût besoin d'être protégé était si grotesque, que le général Manteuffel se vit contraint de lui retirer cette garde d'honneur.

En passant dans les rues tristes et désertes de Strasbourg, je songeais involontairement à sa gaieté et à son animation d'autrefois. Où toute cette vie s'est-elle enfouie? Elle est rentrée comme un colimaçon dans sa coquille et n'en sortira plus. Les places ne retentissent plus que du roulement du tambour, des sifflements des trompettes et du pas des soldats.

III

DANS LA CAMPAGNE

Le Prussien réserve sa politesse pour les grandes villes d'Alsace. A mesure qu'il s'avance dans les districts ruraux, il se met plus à son aise et profite sans façon de tous les biens qui lui appartiennent par le droit sacré du plus fort. Il en résulte qu'une injustice criante règne dans toute l'Alsace. Malgré la patience dont ils sont doués, les Alsaciens se fâchent à leur tour, et ce coin de terre si paisible autrefois devient le théâtre de scènes sanglantes. La loi de Lynch y est appliquée avec un sang-froid effrayant, et il n'est pas rare que les patrouilles trouvent tel ou tel Prussien qui s'est signalé par ses exactions gisant sur la route mort ou mourant. Ces crimes sont presque tous des vengeances provoquées par des insultes faites à des femmes. L'Alsacien pardonnera au Prussien de l'avoir injurié personnellement; mais il ne lui permettra pas d'outrager impunément sa femme, sa fille ou sa sœur. Les Prussiens ne comprennent pas pourquoi leurs frères annexés se formalisent si fort d'un baiser qu'un uhlan prend de force à une Alsacienne, ou même de deux ou trois soufflets appliqués sur la joue d'une jeune fille, parce qu'elle a eu le mauvais goût de décliner l'honneur de faire un tour de valse dans les bras d'un *vachmeister*.

Tout le monde se souvient encore des justifications naïves de ce caporal prussien qui s'était permis de frapper une jeune fille alsacienne. Il avait la conscience tranquille d'un homme qui vient d'accomplir un devoir civique, en châtiant de sa propre main une jeune personne assez hardie pour oser déclarer que cinq Bismarck ne valent pas un Gambetta, et que sans la trahison de Bazaine, jamais les Prussiens n'auraient mis les pieds en Alsace. On n'a pas oublié non plus le dénouement de cette affaire : le caporal a subi une peine très légère, tandis que la famille de la jeune fille a été persécutée si cruellement, qu'elle s'est vue contrainte de vendre sa ferme et d'émigrer en France. Des faits semblables se renouvellent tous les jours, et il n'y a pas de village en Alsace qui ne puisse en raconter.

A mesure qu'on s'éloigne du chef-lieu de l'Alsace, on voit la lutte entre l'élément autochtone et l'élément prussien s'accentuer et s'envenimer. Dans certains coins reculés de la province, on pourrait encore se croire au temps des Armagnacs et des Bourguignons. Le soldat prussien se croit tout permis sur cette terre conquise, depuis le pillage jusqu'à l'homicide, et il a transformé l'Alsace en un véritable abattoir. On dirait que les Allemands pressentent que ce pays ne restera pas longtemps entre leurs mains et qu'ils ont hâte de le ravager pour le rendre aux Français dépouillé et ruiné.

Ces soldats disciplinés se montrent les dignes continuateurs de ces anciennes bandes du Rhin que les poètes de l'unification de l'Allemagne ont si lyriquement célébrées. Pour les uns comme pour les autres, la force c'est le droit!

Après avoir dépensé des millions pour l'Université de Strasbourg et des milliers de marks comme encouragement aux sous-officiers désireux de coloniser en Alsace, le gouvernement a décidé que là s'arrêterait sa libéralité envers les provinces conquises, et qu'il s'agissait d'en tirer tout le profit possible et de mener les habitants à la baguette. Aussi le peuple de Luther semble avoir complétement oublié le décalogue en Alsace. Là il convoite sans se gêner non seulement la maison et l'âne et le bœuf de son prochain, mais surtout sa femme. Il y a plus d'un village où une Alsacienne ne peut faire un pas sans se trouver en face d'un soldat prussien qui ne demande qu'à enfreindre le septième commandement.

A Metz et à Aspach, les paysans alsaciens ont dû recourir à la force pour défendre leurs femmes des attaques des soldats qui voulaient les violer. Il y a tout au plus trois ans, à Mulhouse, sept soldats prussiens envahirent tout à coup la maison d'un honnête négociant pour enlever sa fille et la conduire à leur officier.

Par bonheur, il se trouva que la jeune fille passait la soirée dehors chez une tante, et que les ravisseurs, trompés par l'obscurité, enlevèrent sa grand'mère. Le scandale fut grand, mais le Prussien se tira facilement d'affaire en déclarant qu'il avait voulu punir le père de la jeune fille à cause de ses idées antigermaniques.

Une autre fois, un officier, épris d'une jeune Alsacienne, la demanda en mariage; sur le refus de la jeune fille, il la fit enlever par ses soldats. Après l'avoir violée, il la renvoya à ses parents avec un billet ainsi conçu : « A l'examen, pendant la revue et les manœuvres, elle a été trouvée de mauvaise qualité. »

Ce fait s'est passé à une petite distance de Strasbourg, sous les yeux des autorités, qui n'ont fait que se pâmer de rire devant l'esprit déployé par ce don Juan de caserne.

On n'ignore pas à Berlin toutes ces abominations; mais s'il vous arrive d'en parler, même à un libéral, il vous répondra flegmatiquement :

— Que voulez-vous? en pays conquis il faut

se faire craindre. Il faut que les Alsaciens apprennent à se trouver très honorés lorsqu'un Prussien daigne leur adresser la parole!

« Puisqu'ils ne veulent pas nous aimer, il faut qu'ils tremblent devant nous! »

J'ai entendu ces paroles dans la bouche non d'un militaire ni d'un homme cruel, mais d'un écrivain plein de bonhomie, dont l'erreur consiste à croire que les Allemands ont le droit d'exiger de l'affection de la part des vaincus.

Que dire encore de ce pasteur récompensé pour son patriotisme, et qui déclara du haut de la chaire qu'il faut sans doute aimer l'humanité, mais que les Français et les Alsaciens qui regrettent la France sont en dehors de l'humanité. Et avec force versets de la Bible à l'appui il prêchait :

« Livrez leurs maisons au feu, et leurs femmes et leurs enfants à la mort! »

Je me demande pourquoi toute l'Europe s'est émue des atrocité commises par les Turcs contre les Slaves, tandis qu'elle reste impassible devant les cruautés commises en Alsace!

J'avoue que c'est avec plaisir que je boucle ma valise pour quitter ce pays; rien de moins réjouissant que de voir sans cesse autour de

15.

soi les visages sombres des vaincus, et à côté la mine arrogante et satisfaite des vainqueurs.

Il semble qu'un nuage noir a enseveli tout entier ce modeste coin de l'Europe. Que cache-t-il sous ses plis? Quels rêves vont éclore sous son aile? C'est le secret de l'avenir. Pour le moment, il n'y a qu'une chose certaine : la Prusse, en dépit de sa domination de quinze ans, n'a su se concilier personne ; elle n'est pas plus avancée que le premier jour, et non seulement elle n'a pas fait oublier la France un seul instant, mais elle ne l'effacera jamais du cœur de l'Alsace !

Tout concourt à favoriser l'élan sympathique qui porte les Russes à prendre le parti de l'Alsace contre son vainqueur ; la personnalité même de Bismark, qui n'est pas propre à lui attirer les cœurs slaves, et surtout sa manière de rétablir l'ordre à Strasbourg, qui rappelle trop fidèlement les moyens qu'employait Nicolas pour faire régner l'ordre à Varsovie.

Pour toutes ces causes, l'Alsace-Lorraine est aussi populaire en Russie qu'en France.

A ce propos, un de mes amis, qui revient de Saint-Pétersbourg, m'a raconté une petite aventure qui lui est arrivée.

Il flânait un soir sur le quai de Viborgsk, lorsque son oreille fut frappée tout à coup par le refrain d'une chanson qui montait du fleuve ; il crut reconnaître des paroles françaises.

Il s'arrêta, et se penchant sur le parapet regarda du côté d'où venait le son.

C'était par une de ces claires soirées du mois de mai, comme on n'en voit qu'à Saint-Pétersbourg. Le crépuscule sans fin des régions septentrionales éclairait la Néva d'une lumière argentée. Un canot glissait paresseusement vers la berge, des voix d'hommes et de femmes s'élevaient vibrantes et se fondaient dans un chœur harmonieux.

A mesure qu'elles s'approchaient du bord, les paroles devenaient plus distinctes, et mon ami surpris reconnut ce couplet familier :

> Vous avez pris l'Alsace et la Lorraine,
> Mais malgré vous nous resterons Français ;
> Vous avez pu germaniser la plaine,
> Mais notre cœur vous ne l'aurez jamais !

Les chanteurs n'étaient ni des Français ni des Alsaciens, l'accentuation slave ne laissait aucun doute sur leur nationalité.

Mon ami attendit avec impatience l'arrivée du petit bateau, qui se dirigeait de son côté, et peu après amarra.

Une bande de jeunes gens et de jeunes filles sauta lestement sur le rivage ; c'étaient évidemment des étudiants russes ; on reconnaissait les hommes à leurs chapeaux mous et à leurs chemises brodées ;

les femmes, à leurs lunettes et à leurs blouses brodées de Petites-Russiennes.

Mon ami vint au-devant d'eux :

— Permettez à un Français de vous remercier pour cette marque de sympathie donnée à sa patrie... Jugez de ma surprise et de mon émotion en entendant sur les bords de la Néva une chanson qu'on ne répète pas assez sur les bords de la Seine... Est-ce que vraiment vous auriez à cœur aussi le sort de notre malheureuse Alsace.

— Et pourquoi pas ? répondit une des jeunes filles, les Alsaciens sont des opprimés, et tous ceux qui souffrent ne sont-ils pas nos frères ?...

Puis, avec une sauvagerie toute moscovite, elle tourna sur ses talons et s'éloigna, suivie de tous ses compagnons. Tout à coup elle s'arrêta non moins brusquement et revint sur ses pas :

— Et vous, monsieur, n'avez-vous pas crié autrefois : Vive la Pologne !... Strasbourg n'est pas plus loin de Saint-Pétersbourg que Varsovie ne l'est de Paris !

Et tous, spontanément, crièrent : « Vive l'Alsace ! »

Elle avait raison, cette jeune Russe ; ce cri de « Vive l'Alsace ! » était l'écho de celui de « Vive la Pologne ! » qu'a poussé avec tant d'ardeur autrefois toute la jeunesse française.

« Tout passera, tout disparaîtra, les dignités les plus hautes, le pouvoir, le génie qui embrasse toutes choses... tout tombera en poussière ; mais les bonnes œuvres ne s'effaceront pas, elles sont plus durables que la beauté !... » a dit Tourguéneff.

Les sympathies qui affluent vers l'Alsace sont nées de la sympathie que la

France démocratique a toujours témoi-
gnée aux humbles et aux malheureux...

Que la France ne s'écarte jamais de
cette voie, qu'elle reste toujours « la
France compatissante », et son nom,
comme les bonnes œuvres, ne s'effacera
jamais !

FIN

TABLE DES MATIÈRES

SECONDE PARTIE

La France devant la Russie contemporaine.

Paris. — Soc. d'Imp. PAUL DUPONT (Cl. 477.7.87).